谁需要同情？

李碧华（香港）

图书在版编目（CIP）数据

谁需要同情？／李碧华著．－北京：中国文联出版社，2009.10
ISBN 978－7－5059－6288－0

Ⅰ.谁… Ⅱ.李… Ⅲ.散文－作品集－中国－当代 Ⅳ.I267

中国版本图书馆CIP数据核字(2009)第188828号

北京市版权局著作权合同登记章图字：01－2009－5199

书 名	谁需要同情？	
作 者	李碧华（香港）	
出 版	中国文联出版社	
发 行	中国文联出版社 发行部 （010－65389150）	
地 址	北京农展馆南里10号(100125)	
经 销	全国新华书店	
责任编辑	王 萌 鄢晓霞	
责任印制	李寒江	
印 刷	北京盛世双龙印刷有限公司	
开 本	640×960 1/16	
印 张	12.25	
插 页	2页	
版 次	2010年3月第1版第1次印刷	
书 号	ISBN 978－7－5059－6288－0	
定 价	23.00元	

您若想详细了解我社的出版物
请登陆我们出版社的网站http://www.cflacp.com

谁需要谁的同情？

复原得靠自己。

目 录

把带血刀子包起来

当被刀子划伤而流血不止时，有人是把伤口包扎好，但也有人把带血刀子包起来。

你是前者抑或后者？

——不可以两样都做吗？

一个人被刀子划伤，不管是人家拿刀子对付他，抑或自己把弄，总之就是"不小心"。遇人不淑是眼光欠准，自伤自残不懂自爱，皆因做人不够仔细。既已受伤、流血（还不止！），条件反射是痛，必须先处理之。止血、敷药、治疗……顾不及其他，也不是寻求解释和答案的时候。谁会不理袒露的伤口，先去管刀子呢？保不定再多划一下。

不过伤势稳定，痛定思痛，也思利器。那时，会冷静下来，回想为什么被刀子划了？

第一回，算了，亦难以追究。

再有第二回却不行。

刀子摆在跟前，怨恨永不冉退。自己划的会忌讳，人家划的思报复，便无宁日。弄不好，真会沉沦血海。刀子带血，很难抹得一干二净，洗涤千遍仍有腥味——不如把它给包起来吧。扔掉一了百了，束诸高阁则需要较高层次的"征服"，确保打开时不痛。看不见，希望渐渐淡忘，重新做人。

爱情也一样。

有很多话还没说

往往在从此不再见面之际，人们才发觉，原来有很多话还没说，但已经没有机会了。

人生无常，措手不及的意外夺去宝贵生命。噩耗传来，飞扑至现场或医院的家人、情人、好友……情绪激动，哭尽千声：

"我还有很多话要跟你说，你回来呀……"

却已来不及了。

不但在世的人有很多话想跟他说，那猝逝的人何尝不渴望留下一两句话？至少一两句吧？

也许不必去到生离死别的地步，一双男女，情淡了，缘尽了，甚至一场误会各不低头终于无言分手，过了好些日子，某个凉风秋月夜，天雨微寒，想起来，会不会遗憾？

我有话想说，还没说。如果说了，或者是另一番局面。

算了，这是追不回的——过去了便没有"如果"。假设性的问题不要答，失去的比得到的好一些，如此而已。

不过其实有更多人，还是难以自控地，在万籁俱寂时，对着空气喃喃自语，以为埋藏心底或未及说出的话，可藉此奇迹地传送。空气，它复杂而无情，冷视你的悔和恨。怎肯代劳？

用什么去买他？

看电视剧一折，年轻的康熙敬佩九门提督吴六一雄才伟略，铁面无私。但他有名"铁丐"，执法六亲不认，亦少出来应酬，场面上的话不必说。

如何可以得到他呢？给他一个三品高官当？

姜是老的辣。孝庄太后告诉他：

"三品官多如牛毛，铁丐只得一个。"

把某些人推至更高的官位，升上神台，也许是一种辱没。

联想到怎样"收买"你渴求的人才？

当然，有些人可以用钱买——愈是掷钱出去他愈不值那个价。不过这样的买卖是双方都简单、满意、直接，不用浪费时间精力绕圈子。

或者，也可用官买——"官"，即是有权有势有地位的职衔，再怎么样，水大迈不过鸭子，还是听命于你。以上都很实在。

总有人比较倾向用爱心用诚意买——打动了才变脸也不迟。永不变脸是极度尊重。

你买不起，得用恩义来换。说"换"，仿佛不沾尘俗。敬他一尺，对方感恩讲义气，还你一丈。燕太子丹就是这样换了荆轲一条命。

不管怎么说，都是心计、笼络。都是要到手，用得上，用得起。伯乐和千里马，也是利害关系。只层次高些。

《内裤失窃》与《怜蛾》

　　香港中央图书馆是个矛盾重重的怪地方。外观笨拙土气如蜡像院。设施现代化、多元化。部分图书十分古老——因为很多作品都是"旧的新书"，十年前旧物换上新颜。借了一叠，本本都是"第一手"，头一位光顾。"联合文学"的系列，原来民国八十年出版的。更老的也有。

　　有一本《京都会馆内裤失窃事件》(朱衣著)，名字好吸引，作者自序："在人类对所有的探险都感到乏味之后，死亡成为唯一的感官刺激。而与死亡意象接近的性爱，便成为人们一再重复的游戏。"

　　集子收录十篇神秘性小说——《隐藏在衣柜里的秘密》写无故失踪的老父、《死亡的选择过程》写自毁、《在深夜里追赶一只蜘蛛》写困惑，都是台湾旅美作家的特色。

　　作为主打并非内裤失窃的香艳，而是一回京都之行，母亲"急速老化"，对女儿及她同学的青春充满疑妒。余篇还未看完。

　　文丛中还有其他书目。一本唤《怜蛾不点灯》。才怪，看这书时常遭妖蛾相缠，怎会怜它？我怕了它! 灭灯逐之出门——幸好它爱光扑火远去，我才出生天。

还有人爱书法吗？

每年正二月，日本很多地方都举行"书道大赛"。好些神社还同期有"笔供养祭"，如同"针供养祭"，大家把用旧用残的毛笔珍重拜祭，祈愿升天。真是一番心意。

日本书法同中国书法已日渐各走各路，各成门派，不过书法永远是一项艺术。今时今日，别说毛笔字，连执笔"写字"也好像在淘汰边缘。

一回听到年轻人对话。

甲很奇怪："咦？怎么你竟用笔速记？"

乙："被逼，只是简单笔画。个个字都不会写，太慢了！像吞咽有困难。"

——如果用毛笔，岂非还没"完成"一个字已鲠到气绝身亡？

大阪"新春书初大会"，二月表彰展览，连幼稚园生也有作品。

内容：小学生"自由、初梦、新世纪"、中学生"青云之志"、高校和成人组，自拟"松花伴鹤飞"。

东京武道馆年年有数千人一起挥笔大书。

看到日本小朋友对书道的尊重，很感动。只一点我有意见：他们全匍匐地板上，下跪弯腰来写，场面虽热闹壮观，但这种姿势，怎会有性格？难道"行气"已成奢侈品？

钞票上的"一月一日"

　　我们天天使用钞票，但从没好好的认真地审视过这世上最可爱的东西(之一)。随便找人来问问，他一定无法回答：究竟钞票上有些什么图案、肖像、编号、中英文字样……？

　　这天我拎起一张新簌簌钞票，纸边锋利得可当匕首用，指头一拉一道血痕——但原来"承董事会命"、"凭票即付"的纸币，是二〇〇×年一月一日印制的。好奇地一一细看，所有钞票。不管年份，二〇〇〇、一九九八……甚至一九八八，全是"一月一日"(1st January)出厂。唯独一九九七年那张才是七月一日(也许是回归纪念日)。

　　人民币也常用，一百元新钞是毛主席像(一八九三——一九七六)，那些十元、五元、一角、二角……却只有年份，没有日期。

　　各款台币，有孙中山、蒋介石像，"中华民国××年制版"，最新千元大钞，小孩和地球仪，那些是民国八十八年的。

　　日圆称"日本银行券"(NIPPON GINKO)，有编号，英文字头TW、VR、NG、WW……却无年份。叔伯们的肖像，我们当然认不得。不要紧，若¥大贬值，好使好用便可以了，管他们是谁？

　　只有点疑惑，为什么只有香港的印了"一月一日"？

　　后来银行职员告诉我，新钞是印来给市民红封包利市钱用的。

要鲜血脑浆干么？

有些话人们说得爽快，因为不易遇上考验。但凡遇不上考验的，便无从辩证真伪，永不识破的"假"也就等于"真"了。

像"我永远爱你。"——"爱"比较容易，但"永远"是什么？

"我愿为你赴汤蹈火！"——当然愿意。世上哪有汤和火让你牺牲？非常非常伟大的人物才得此际遇。

看过一出昆剧折子戏《张三借靴》。张三与刘二，据说是拜把兄弟，抱脖子搂腰剖心剜腹。刘二总向张三强调："我俩就像是一个人多了个脑袋而已。"正是：要鲜血有鲜血，要脑浆有脑浆……

为兄弟样样都肯。

说得那么慷慨壮烈，只因日常交往，要鲜血脑浆心肝五脏干么？既要不上用不着，说得响亮也不必付出代价。

张三赴宴，不需上述物品。他衣裤尚可，只是鞋子破了。知刘二有双新造的皮靴，死活得借穿一晚，充撑场面。这一双刘二眼中有灵性又怕生脚的"宝靴"，他千方百计拖延拒借，心疼不已。

二人翻脸结怨。

虚幻之物我们不在乎，要天许半个。但近在眼前却舍不得——因为这是手上仅有的，也是现实的。

飞行神社，应供嫦娥

在公共交通工具上见到：

　　"航空安全祈愿

　　　　　　　　飞行神社

　　　　　　　　京都八幡

　　　　　　075 - 982 - 2329"

　　新年期间，日本人全涌到寺庙和神社参拜祈福，所以都很热闹。京都有大小神社近千，各有各管治范围和卖点，例如开运、消灾、求财、结缘、长寿、眼疾、脚气、考试顺利、学业进步、头疼、痔疮、自行车无灾难、安产、婴灵安息、肠胃病、男朋友风流、噩梦……总之乃人世间千万烦恼。

　　照说神社到底是历史文物，但所祝祷的却愈来愈现代化了。非常 update，绝不落后于形势。不知以前是否亦有"飞行神社"？"9ll"后，全球旅客更加明白，不知哪一天，你乘搭的飞机永远不能在预期中"安全"着陆，生命无常，神社乘势重点招徕善信。各位得空，除了热门的八坂神社、北野天满宫、清水寺……外，可以一逛，看看供的是什么神？

　　如果中国有飞行神社，那么保佑大家不受挟持或遇袭坠地的，应该是首位太空人嫦娥——虽然碧海青天夜夜心，她寂寞(吴刚和玉兔又有什么实用价值?)，但起码安全。留得青山在，再图后计。

夹底裤比夹龙虾有情趣

日本的电子游戏机店常有几座"夹物机"。投币后控制可上下左右移动的钳去夹些小礼物。很多时是毛公仔、钥匙扣、模型……

也有夹金鱼，或者夹龙虾。这些活生生的物体，一旦沦为机器中的目标，一生也就这样了。

金鱼体积较小还可胡乱游窜，亦渐迟钝。龙虾最惨，目标显著，活动范围不大，躺着不动，来客未必夹得中，但一天到晚备受骚扰，总是措手不及有个大钳在头上背上轻敲，靠近了猛地一紧，又落空？那人不免拍击一番，或发出不服气之噪音来发泄。即使听不见，也知道自己没落到歹人手中他是不会甘休的，马上便投下二百圆再来。

二十四小时没一刻安宁，谁来了谁便是勾魂使者。认命吧，懒得向上帝抗议，过一天是一天算了——终于被夹中，身子一疼离地升空，最后一个希望是拼命挣脱。在猎人手中剧动，以示对残生一回激烈的凭吊。带怨恨的肉又怎会鲜美？

又有些夹底裤机，一个个圆筒，盛着咖啡色内裤都香艳得好"娘"，男人为女人夹底裤上来，不管中的是什么，末了还不是送给她穿？这也是一种情趣。比起来，当然夹龙虾残酷。

可以装作不愿意

真的很奇怪。

名人或女星，与绯闻男友在一些首映礼、时装表演、记者云集之招待会……"一带"出现，当然预算曝光。但她们爱东逃西躲，刻意分道扬镳，甚至引开记者，软语哀求，阻止拍摄。或表现得好cool：

"我很低调。你放过我们吧。"

吓？阁下第一天入行吗？不知道那些狗仔队最喜欢把一切"地下"的给提升上"枱面"吗？

大可不来。

专门拣最多记者的场合亮相，又哀求人家看不到你？倒有点矫情了。也许以退为进。而且庆幸终于传媒"不放过"非要拍照见报了——不是人人都"得偿所愿"的。

一回，某三四线艺人(大家都叫不出名字)拖着男友，到某首映场合凑热闹。他们到了，可没人发觉，当然也没人拍照。一见势色不对，心有不甘，她又拖着男友暂且退开。直至人稍多了，也有日行一善的记者约莫认出，拍张照——啊，好不容易才有这个机会呢，几乎没在原地转体三周半"应付"镁光。要她十指紧扣绕场一周也乐意。可惜人情冷暖世态炎凉。

必须成名！

成名后，才可以装作不愿意。

猫腔"檀香刑"

在北京，看莫言的《檀香刑》。

——略为坚持，才看得完。所以我也算变态。

有人说刚读了一个开头已觉毛骨悚然；有人说心脏病患者不宜读此书；有人说小说的情节太残忍了。作者告诫：

"过于优雅的女士请不要读。"……

事实上相当恶心。

莫言(作品有《红高粱》、《透明的红萝卜》、《丰乳肥臀》、《酒国》……)打磨了五年写就的长篇小说。发生在他家乡"高密东北乡"，历史背景是一九〇〇年德国人在山东修建胶济铁路、袁世凯镇压山东义和团运动、八国联军攻陷北京、慈禧仓皇出逃……

卖点是酷刑——"腰斩"、"凌迟"、"阎王闩"和主打的"檀香刑"。用细致的文字，鲜烈的声色艺，把酷刑描述得灵活生动。某读者抗议，他看了此书，呕吐不止，食不下咽。

留意到封面貌不惊人，若无其事的檀木橛子吗？那就是刑具。让我简单地白描吧：——它是从犯人的肛门中，被一寸一寸一寸，梆——梆——梆——地敲进去，穿过五脏六腑，本来设计是从嘴巴里钻出来的，后来刽子手让它破肩而出。成就一场华美的大戏。

主角是"猫腔"戏班的班主——猫的号叫，有时非常凄厉。

"形势比人强"的时候

有人一肚子气：

"我工作得那么努力，但老板信任的是另一人——他要想想，我多辛苦，没有'功劳'，也有'苦劳'。"

真笨。人家会笑你。

先说辛苦，是分内的，哪有工作不辛苦？且一个人做到半死也只有"苦劳"，要来干啥？又不是慈善机构。他要的是"功劳"！

还有，老板有权选择他信任的人。正如昏君有权沉迷狐狸精。情场上，你爱的人不一定也爱你，世上没有相等的回报。任何打工仔都是妄想的单恋者而已。他喜欢另一人，这便是"形势比人强"。

形势强的时候，学养、经验、才华、样貌、成绩、拼劲、人缘……统统不敌。你再好，是的，同一环境中，另一人若赢得老板的宠信(或宠爱、宠幸)，你就一定输。

不可理喻，更无法据理力争。争不到的。

得蒙关照吹捧的一方，当然事半功倍，还用说？相反，那受冷落的一方，便事倍功半，甚至功三分之一、四分之一，没动辄得咎已属万幸——因为此乃"心"的事，不是"身手"的事。

势色不对，唯一出路是良禽择木而栖——除非择不到，或无可选择。那么回去多些时间陪伴家人吧。

鲁迅没骂过的

国内《新周刊》纪念鲁迅诞辰一百二十周年，封面是他老人家的木刻画像。专题为"今天我们想骂的，鲁迅都骂过"。

伟人最大的成就，是比所有人早一步醒觉和提示。他们最大的不幸，是成为一道文化快餐，愤怒被稀释、模仿、调侃、因循……

爱恨分明的大师，生下来便为了痛骂中国和中国人——因为，他最爱和最恨的，也是中国和中国人。

回心一想，他是上个世纪的人了，但今天我们想骂的，确然可在他遗留下来的一千万字中，翻找得到：——

战争、武器、天灾、人祸、庸碌无能的统治班子、官僚、虚荣、文化、戏子、爱情、酷刑、传统、食古不化、盲目趋时、饥饿、堕落、罪恶、假民主、真封建、法制、人治、党派、示威游行、腐败衙门、两面三刀、白色恐怖、死亡、横眉冷对千夫指、俯首甘为孺子牛……

但我肯定有一样，他没骂过——不但没骂过，连猜也没猜到过。那就是叫很多人求生不得求死不能的"负资产"。

这个震古烁今的名词，其正确解读是"一些发愤图强多年的人，穷毕生精力，节衣缩食，甚至赔上生命，好让自己的资产变回'零'。"

若你是其中一分子，当然属历史的创造者。

出丑 VS 出风头

　　在朋友处偶看有线娱乐台《谢利真人 Show》。诉心声的全是些"单身"男女。我怀疑：

　　"会不会预早安排做一场戏呀？"

　　"谁肯这样当众令自己出丑？"

　　"能出风头就不介意出丑——本城娱乐名人版统统是证人。"

　　《真人 Show》中来宾大爆自己私生活秘闻及难题。例如：

　　A 女大数前男友大块头日夜来电骚扰迫她复合。为了避他甚至跑去结婚了。主持人谢利请他们上来讲数。新婚丈夫原来更大块头，两男扭打。劳烦节目必备比他俩更大块头的猛男警卫劝交。

　　B 女坚决摆脱不举男，找来新欢对峙。是在药房认识的阿伯(当时她去买安全套)。正纠缠，阿伯的未婚妻冲来泼妇骂街，最后"伟伯"情深款款拣了 B 女。

　　C 女忍受不了成天穿得像烟囱又偏爱露械的筋肉人，另交新男友——一亮相，又是刚才那风流耆英"伟伯"？B 女如梦初醒，冲出怒斥一番。二女联盟也不要他了。

　　D 女希望告诉同居(只口交)并已订婚男友两个秘密。他听了第一个(做了三年妓女)已深受打击。再听第二个(她原来是变性人)伤害得倒退、奔逃，镜头追反应，他掩面哀嚎欲哭无泪……

　　各人际遇十分荒诞。别怪我们怀疑。

玉女扫货记

韩剧玉女宋慧乔迷倒不少香港人。

这类型女星本城罕有。说是"玉女"，清秀可人，但又丰腴性感，眼神妩媚。有点像初出道时尚未大红的巩俐。

只间中看过《蓝色生死恋》。不过剧中尽是俊男美女，且宋承宪、元斌等亦为人气偶像。不管剧情说什么，看得赏心悦目。

剧中的宋玉女，一头长直秀发，气质清雅。但她这回台港宣传，剪了个陈秀雯的"师奶头"，一下子老了若干年，并不贴合她的青春形象。

看照片，她古装扮相一定很漂亮，而且五官没斧凿痕迹，好舒服。

还没变俗。

——但不知维系到几时？

女星，中、日韩、欧美、全球，一旦红了，片约多了，富裕起来，必有个指定动作，便是"名店扫货记"，什么双眼发亮一口气狂买华衣手袋等等，供记者追访，名店亦锦上添花——有谁抵得住这种诱惑？

特备节目又成了一天头条。

真的，世上没有女人不爱名牌 G、P、Y……，她们都为了一些字母投身演艺界，娱乐了大众，丰盛了自己。

泼出去的水

募捐这回事，最重要的：善款必须用在"刀口上"，即是水深火热、饥寒病苦交迫、命悬一线上路在即……真正需要的人受惠，才叫人乐意和信服。

有些钱我们捐了，如泼出去的水，也不追问，但看中间团体的良心。

某些筹措又真的很难感动人吧。

譬如一名性取向有异的男扮女装流莺，他不能适应生活，面对社会压力及歧视，屡次被控卖淫、偷窃、抢劫……罪名。他的理由是急欲"筹措"三十万元手术费，好变成"真女人"云云。

我不知道这样的募捐是否一项"慈善"？而慷慨解囊的人会是谁？

一名二奶，自内地来港找男人"算账"，还在他工作地点附近露宿、绝食、自杀……据说男人之前已给她十五万元了。不够？再要？同情心满泻的善长仁翁现身吧？

香港市道不景，仍是有热心的人，不过大家也应有点捐款智慧。

港闻版的舞小姐被斩头烹尸案，起因是偷了人家约一万元的财物，被屈成两三万，还不起，终于演变成夺命血案。这债项数目不大，但又很难在事前"筹措"。

有人爱借了钱不还。本城有多大？就是碰不上。失去朋友也无法追债。你能当做是"善款"般捐出去吗？

"岳母舌"的花语

曾见亚视的早晨节目，画面分割成几个部分，除了主要的新闻内容外，四下小小位置有关于交通、股市、外币兑换、生日花及花语……之类报道。最初眼花缭乱，好杂。不过这也是一种"方便"。

本来我对那些什么花占卜不大留意，因为是小朋友玩意，也不准确吧。某日忽见如下字样：

"生日花：岳母舌

花语：是非"

吓？谁是当日寿星？那代表阁下的竟是岳母的舌头，又主是非——一生相伴，如何摆脱？

有一种花唤那么讨厌的名字？男人心目中，女人舌已够烦了吧，而岳母是女人中的"极品"。我很好奇，便到处查问这花。

其实西洋的"Mother－in－law's Tongue"又不一定指岳母，资料说"可爱的儿子被一个女人从身边带走了，婆婆在背后不断数算媳妇的是非"——凡是受这花祝福而诞生的人，常不经意脱口说出闲言闲语，这坏习惯会使你的魅力大打折扣，请小心！

坊间类似的占卜书，看来本本都把花名和花语堆砌抄袭，次序乱排而已。重复又重复的是风信子、酢浆草、欧石南、樱草……还有"腐肉花"也出现多回。若花语是痛苦、仇恨、折磨、陷阱、恶女，生日的人多不开心！老土点，也情愿听好话。

跳虱、夜市、鬼街

据说，现今抓小贩宽松了点，好些失业人士舍下身段，也可挣口饭吃。并非人人愿意领救济金的，有机会，再辛苦还是自食其力好。

记得从前闹区有小贩摆卖的夜市，不过管理队二十四小时执勤，市也渐散。近日会复苏吗？

台北有几个夜市以小吃为主，十分热闹。

北京东华门、三里屯、王府井……都是愈夜愈快乐。

古玩夜市在日坛公园和二环路之间，交通便利，人流畅旺。以明清古玩陶瓷玉石艺术品为主，也有家具、钟表、书法、骨雕、珠宝、文革遗物……当然真真假假，夜了，看不清？凭眼光和运气吧。

午夜后的"鬼街"（东直门内大街一带）没有鬼，却充斥夜鬼和红灯笼，饮食玩乐，家家都以"麻辣龙虾"招徕，花椒香辣，但所谓"龙虾"，小眉小眼，每只一块五到二元。水煮鱼也是名菜。

跳虱市场、夜市、鬼街，都是香港亟需开辟，好让平民找口饭吃。

经济不景，贱物斗穷人，尽量利用每一分秒挣钱，买卖消费夜宵，多些出路，各取所需。

颇怀念上环大笪地。你们呢？

为了"青红帮"

一回，我的稿上写了"青洪帮"。编辑小姐问："青'洪'帮？此字有没有错？"

我说："'青'是青帮，'洪'是洪门，都是上海滩的黑社会组织。"

但既已醒来了，便马上再翻一下书。手上有好些什么上海旧话、掌故、风物志……的书，也是"青帮"、"洪门"这样道来。合称岂非青洪帮？

图册《近代上海繁华录》，有"冒险家乐园"专辑，旧照编印很精彩。提到十九世纪，十里洋场中，横行于租界的是在粤闽一带崛起随英商而来上海的"洪帮"；到二十世纪，黄金荣率领的"青帮"兴起，被两租界重用。黄与张啸林、杜月笙并称为上海三大亨……

查查辞典。"青帮"是我国秘密党哥老会的一派。"洪"则有两种写法，一本用"洪帮"，一本用"红帮"，其最早以复明灭清为宗旨，演变为民间的秘密党会。

——究竟是洪抑或红？

后来问孙先生。他为慎重起见特地致电国内，问曾参与样板戏《沙家浜》编写工作的朋友。原来出自唱词"老蒋鬼子青红帮"。孙先生道："搞样板戏的，一个字也不能错。在当时，这关乎个人的声誉，也影响命运，要挨批斗的。"那么，洪门以色辨应称"红帮"。

为分"青红皂白"，忙了一个上午。

认不认也死

一名七十三岁老翁，在火车车厢内，藉故五度伸手入邻座女乘客臀部下非礼。女方初怒目而视，只见老翁"若"无其事，五次冒犯之后，忍无可忍喝止。岂料他狡辩：

"什么呀？你说什么呀？你身上有宝啊？讲出来都没人相信你啦！"

受害人愤而报警。

裁判官直斥被告狡猾、鬼祟，"不仅行为不好，就连口德也差。"

终判罚款一千元。

受害人报警，事件扩大，当然因被非礼之外，还被侮辱，这更受不了。官判罪成，小因其罪有应得，且无口德，不值得同情。

"咸猪手"被扭扯送官究治，多有其事。非亲非故，无仇无怨，没必要诬告，大家都浪费时间精力。那么被当场揪出的人，应该如何应对？

——他否认、狡辩、理直气壮、不屑动手、看不上对方……更起"激怒"作用。但他认了、跪地、求饶、赔钱……不见得会被放生，自己都招了，更加要庭上见。认不认也死路一条。

男人说"没有"就是有；说"有"不得了。同理，看上去不似高层淫魔的就有高层淫魔倾向；看上去似？他根本就是。

凸眼拉屎 BB

一度，日本街头流行一种"拉屎"小玩具，钥匙扣。是一些大笨象、肥猪、恐龙、怪兽……一按，类似大便的褐色物体便自屁股给挤出来。

好好玩。直接反应是举座大笑。

香港当然"不甘后人"，不知是原装还是复制，总之同类设计愈来愈多。还有"真人版"。

是些只穿尿片的 BB，粒粒像蜡笔小新和他妹妹那么顽皮可爱，气鼓鼓——不但拉屎，还凸眼。往前一按，眼珠子陡起暴凸，笑死人。往后一按，大便理所当然脱颖而出，还湿湿黏黏的。

"真人版" BB 尚可接受，不会太恶心。但日本是个对大小便有特殊癖好的民族，终有一日玩具成人化。

其实他们的 AV、色情杂志，早有女优表演大小便，也有淫虫表演喝尿吃屎，脸带欢娱享受之色。

大便被尊称"黄金"。

市面上也有眼球棒棒糖、大便巧克力、屁股蛋糕、阳具冰激凌……

真想一尝粪味？可以到"便所"餐厅。这些专门店，menu 是一些美少女的照片，她们茹素，你可落 order，点吃谁的大便：清蒸、油扬、香煎……逐臭之夫大掏腰包，不知多惬意。

八千草薰 Morning 娘

日本女子乐队组合，名字老土，唤"Morning 娘"、虽简称 M 娘、魔娘，不过听来像早上在屋村公园兜客，向晨运阿伯和刚收工的工友送秋波的北嫂。

样貌平庸，歌艺一般的少女组，没什么实力，胜在青春活泼，每年都新陈代谢。新血不过十三四五岁。而无奈地与姊妹们道别，"正式全力作个人发展"的老 M 娘才二十七岁——原来比师妹们大一倍，不走也不好意思吧?(据说，一次演出时，其中一位小 M 娘爆肚，叫她一声："阿婶!")

在演艺界，总是朝花夕拾。

说到名字，争持激烈的"滨崎步"和"宇多田光"，不"娘"，但中性。"相川七濑"也引不起遐想。唱《失眠》人气急升的新人"鬼束千寻"则十分凄厉。一回掀小册子，见"我那霸美奈"，很凶悍。

反而 AV 女优名字较暧昧：——"朝吹淳子"、"宫下顺子"、"早乙女爱"、"宫前直树"、"真锅薰"、"夕树舞子"。一个唤"室井滋"，有点危险。艺人"吉井怜"曾患血癌，看上去好似一个可怜的"古井"。老牌演员"八千草薰"感觉清香怡人，她是李香兰《白娘娘之妖恋》中的小青。

名字重要吗? 不。八字最重要。

一间经理人公司(剧团)"出演研究生募集"广告声明："三岁以上。男女学历经验完全不问。"

——一批批发明星梦的孩子大排长龙。

以后自己洗衣煮饭

出卖你的人，往往是在身边且你不会防备的人。

他们服务——忽然有一天，他们爆料，你才明白，自己与北上寻欢被偷拍四级真人 show 的嫖客同一命运。

精明的女人撬走男人菲佣，便可掌握他私生活和女伴的秘料。高官家厨一场恩怨，演变成连载小说。女星公告不愿经理人知道她太多个人私隐，生怕有一天不再合作便反转猪肚是屎。还有，司机、助手、保姆、工人、管理员、茶水、侍应、街坊、邻居、你的至亲、好友、旧爱、新欢……不知哪一天，把你卖个好价钱，极密资料大公开，防不胜防。

最好，别和上述任何人太过接近。

——那么，你可以搬到孤岛长住，或租个韩国电影《漂流欲室》中的湖心孤独船屋。未必杜绝所有是非，这不可能，只把危险度减至最低。

这样的生活，你快乐吗?

年薪九百万，一个成功的人，一个好人，一个有目标的人，若他用了个没职业操守的亲信，他比任何人更不快乐。

从前，揭人隐私秘闻到底是有欠道义的，大伙瞧不起卖主求名卖友求荣。今天，人人都是狗仔队。

身边可信可靠的人愈来愈少，自闭症是自保，最安全——还有，以后尽量自己洗衣煮饭。

地铁怪人 Show

在地铁车厢，见到一个这样的女人：——年龄看不出，是三十五至五十五之间（因为她用口罩遮住了大半脸孔）。

珍贵地暴露空气中的部位，有上了年纪的难以自圆其说的征状，如肤色、斑点、皱褶、沧桑。

今天 32℃。

女人头戴红格子绒渔夫帽，帽檐拉得低，不知是否一头汗。穿的是干湿褛，夹棉那种。头缠一条毛巾，不知是装饰，抑或吸汗。一身厚卫衣、棉裤。初冬晨运适用。足踏软皮鞋，灰褐色，厚袜。

骄阳似火，她带伞，格子伞。背一个袋。却绕到胸前，紧紧抱住。

那么，女人是个有洁癖，与世隔绝，自成一国，自得其乐，心静自然凉的特殊分子了。她怕人、怕风、怕阳光、怕灰尘、怕细菌、怕空气……照说很干净。

忽然自袋中拎出一个残旧胶袋，里头有好些纸巾，抽出来的十分骇人——全是"用过的"！用来印印鼻子，又皱成团给塞回去。

女人在车厢中不动声色地表演，令人佩服。

——但，更佩服的却是周遭木然的人，见惯大都会中任何奇异物体、精神病人，所以处变不惊，不当一回事，也没投以歧视目光。也许各人均有不可告人的癖好，心知肚明，所以见怪不怪。

Sony Plaza 的拖鞋

每回到京阪神，比较喜欢停 Umeda，多过热闹的难波和心斋桥。

梅田地下街是最大的，初来时还会迷路。如果下雨（大阪经常下雨），在地底徜徉两三天也不厌。逛熟了，我有一个小说《吃眼睛的女人》索性以之作背景。

交通方便是梅田的优点之一。附近的几家咖啡馆也是一流的。还有"无印良品"，还有云仙烧，还有 Sony Plaza……

Sony Plaza 就是机场巴士站旁边一幢建筑物。货品全是亮丽生活杂货和衣饰——可以没有，不是必需品；但买几件回家，一室明朗、悦目。

它的文具、雨伞、小摆设、袋子、背包、浴厕用品、化妆品、T恤……颜色鲜、清、醒目。SP 月刊，我会存起来有空掀掀。无聊，但开心。

每年，他们都有一批别致的凉鞋和拖鞋，让脚趾自由舒适地伸展。由¥1900—¥9800（税别）不等。皮的、尼龙的、布的、绣花的、塑料的……有一款纽约 ESO，一来便十二色，软塑料有"记忆力"，你的脚踩上走一天，便记得形状和凹凸位，愈穿愈贴合。款式极简，不过是横绊带或交加带，但十二色……真诱人。最早脱销是这个。

原来在这儿

很好笑的事：——

有份上海的合同给 L 先生签名。签名而已，平常事。他说省得有管万多元的墨水笔，正好拎出来玩玩。我对名牌没有虚荣，基本上"笔"不重要，笔下的"字"才重要。不过也开开眼界吧。

谁知他找了半天，书桌、抽屉、文件柜、地面、书架、窗台……全都翻遍，就是找不到那管不知是景泰蓝抑或珐琅名笔："明明刚才还在，怎可能转眼间不见了？"

"什么都有可能。"我说，"某年911，纽约一分钟内便有两座高楼和一万人不见了。"

我又催促："不要紧啦，什么笔签名都生效。"

看到如世贸中心废墟般杂乱的书桌，真头痛。不过他仍坚持给找出来。又过了一阵，忽然惊喜地喊：

"原来插在襟前！"

这令我想起了另一位朋友的笑话。某日她视野不清，觉得自己没戴隐形眼镜，又张罗了半天——原来隐形眼镜早就在眼眶，是灰尘污了目。

我们经常忽略了眼前、身边、手上的东西，却费劲到处找——有时是物，有时是人。

忽然之间，才发觉……

乘搭升降机站哪儿?

每个人都有自我保护，防御侵扰的本性。坐地铁，最好的位置是长椅头尾的"单边位"；坐小巴巴士，先来者一定拣靠窗位子，后到者才坐走道旁边那个，极少"倒行逆施"；茶楼食肆，背墙面向大堂当然比面壁而身后川流不息者舒眼。

我们尽量找寻一个比较安全的位置，即使明枪难挡暗箭也难防，但亦避免"四面受敌"，起码有一面，不易受伤。负隅一战背水一战，不是完全绝望的。

快快找到，一马当先占据了。迟来，只好忍受人挤人三明治。

如果乘搭升降机，你又站在哪儿？某回掀到一个窥看遇到挫折时的心理测验：——

(A)升降机左后角

(B)升降机左前角

(C)升降机右后角

(D)面对控制板的右前角

(E)升降机中间

最多人选 ABC。面对控制板虽也是角位，却要为人民服务。而很少人大喇喇站中间位。

解答是：——(A)迅速平复型。(B)急于宣泄型。(C)坦然面对型。(D)沮丧忧心型。(E)努力克服型。

我选择(A)，遇挫折有极强自制能力。迅速平复？才怪，我只是伤痛不形于色而已。

为 壳 打 工

欧盟成员国的消费者目前抛弃了的过时电脑、配件、旧式手机及其他电子垃圾，已达六百万吨。

北美地区的激光打印机今年将列印一万二千亿页纸。

在日本电视上看到，几乎每三四个月，一座座电子游戏机便过气了，统统成为"废铁"，一度沉迷大玩特玩的年轻人眼尾也不肯再瞅一下。游戏机中心不得不把它们一一扔到垃圾堆填区去。声色灿烂刺激的游戏机被压成铁砖，这是一堆堆昂贵的垃圾。

但没有人会循环再用。

埋入地下或焚烧了事。人间愈来愈热——虽然人情愈来愈冷。有发觉吗?当人们"抛弃"时，已不屑带一分惋惜了。

最简单的例子，是频换手机。

老实说，你我皆知那些手机壳，都是不大值钱的塑料或轻金属，改一个新颜色新型号，大家便巴巴地弃旧迎新为壳打工。好多女孩为了一个新手机陪人过夜——可见它比肉体宝贵。

有人经常换手机，因它半年内遗失一次被窃一次(一在尖沙咀一在深圳)。再漂亮有型也享用不上几个月，小巧精致又误丢马桶中。人，被迫沦为机奴。

必 然 对 白

每遇大事件、大日子，大人物访华……某些被捕异见分子的律师："相信聆讯很快结束。××可望短期内获释，保外就医或递解出境。"

警方发言人被问及暴力袭击案件时："我们不会容许同类事件再发生!"

日本屈服于美国原子弹轰炸下投降、解放、"文革"、入世、申奥……(一切)，中国人的结论是："我们胜利了!"

关于所有杀警悬案："我们已掌握疑犯资料。"

高官："加价势在必行。"

领奖艺人："谢谢唱片公司，谢谢 A 高层、B 高层、C 高层、谢谢作曲××填词××，谢谢 fans 对我的爱护，谢谢大家，谢谢。"

台湾电视节目主持人："请掌声鼓励!"

戏中东扑西倒的演员："呃! 我没有醉! 呃! 谁说我醉了? 再来一杯!"

卖肉女作家甲和乙互相批评："她根本不能同我比! 我的小说有内涵!"

爱国人士对任何提问："我跟×××(上级／高干／组织／领导／党)的意见是一致的。"

大陆演讲或会议："在方针、路线指引下，在大好形势和上级的鼓舞下，首先一点……其次一点……再有一点……"

中国外交部发言人："我们强烈谴责……"

大鞋盒手机?

手机愈出愈小巧，人们一不小心丢到马桶中，"咚"一下捞也捞不住，消失无踪。

看若干年前的旧片，主角手拎一个个"水壶"，又吃力，又不潇洒。幸好遇上歹人时，可以当武器用。

有一回竟在九龙见到一种超巨型一如"鞋盒"的手机。

——是手机吗？

店员说，绝对是！还是日本最新推出的型号。

这个大"鞋盒"的用途，便是用来安置一个小手机。把插头插上，小手机"变成"大手机。当你拎起来通话时，就像手持重型武器，比"水壶"还逗。

实在不能相信世上有这样无聊的发明。问："人们为什么要花数百元买这个大手机？"

他答："是为了新奇、好玩，也可以装饰。"

手机的发明和改进，是为了方便，轻身上路，天涯咫尺。我们可以走回头路，使用不能一手掌握的大手机？那么大家终有一天会重温拨号电话的噩梦，也改看黑白电视了吧？

我不信我不信。

回程中一直以为那是一个戏弄路人的游戏节目。

只能从跌倒中学乖

笨女孩为情执迷不悟、不悔，有时很可怕。

台湾有个二十一岁女孩，毕业未几在一家公司工作，两三个月后同四十五岁的老板开始了。

他为了得到她，便说永远照顾她。老板娘知道了，上来公司痛骂一顿赶跑。老板租个房子，每月给五六万台币，她不打工、不进修、不认识别的男朋友、不回家……就这样当了小老婆。

没前景没后路。

最浪漫的一回，是情人节他带她到海边，展示一艘写了她英文名字的游艇，她大喜过望。最不高兴那回，她怀孕两三个月想把孩子生下来，老板觉得麻烦，迫她打掉，最后医生告诉她"胎位不正"，不适宜生。

以上，是女孩在一个谈性说爱的节目中，一点也不忸怩，理直气壮地自述。

大家都老江湖，一听便觉破绽百出：

——游艇髹上名字不一定在她"名下"、老板同医生合谋哄她打掉孩子（两三个月还未成形哪来"胎位不正"？）、房子只是租的、男人已四十五当然有妻儿，末了还不是回到自己的家？

主持人和嘉宾都狠批一定分手。太笨了。女孩最好弄个三千万应马上闪人……她微笑。一脸不以为然。也许在想：

"你们局外人不明白爱情，又怎能拆散我们？"

这片土地是我的!

M 回忆从前之天真举动:"昨天无意中在街上遇上自封'九龙皇帝'的曾灶财,见他又拎着毛笔墨汁'出巡',不知会在哪一石柱或围墙即席挥毫?尾随了一阵。发觉他只是一拐一拐逛街,好不失望。"

M 花了一点时间去八卦一位八十岁老人会否涂鸦?老人顽皮,成人也天真——有什么关系?人总会干些好玩有趣的事,让沉闷繁忙的生活纾缓。而曾伯亦已去世多年了。

但何以某日曾伯如此收敛?

我猜,一定是他赤膊在尖沙咀码头石柱上展示"国皇曾灶财文福彩十九世金皇后彩虹村光绪元年……"之类圣旨书法时,路人游客围观,致被警方拘捕,警诫勿再涂污公物,故暂时只巡视而不下旨。港九每间警署几乎都有他纪录,但次次都无条件释放。"御笔"亦成为香港独特文化。

精神异于常人的他自称身世显赫,祖先是九龙大地主,身家被政府霸占,四十多年不断上街诉冤告状。他坚信自己所想的所做的,海枯石烂矢志不渝,最可爱是理直气壮。

天空海阔全无桎梏阻障。他的世界比谁都广大,是心灵上最富裕的人。

即使人不在了,大家仍记得。

"九牛拉不转"的女人

接连几天，在一份深广畅销报刊上，看到一位"小三子"先生刊登的失恋忏悔告白。四分之一版大。

"你离开我已经三个多月了，我无时无刻不在想你……"

"至爱小霞，输了你！赢了世界又如何。生日快乐！永远永远爱你……"

"对你的思念占满了我生活中的每一个角落，让我爱你一万年。"

玫瑰花边当然很老土，告白也肉麻，但情海浮沉便是这样折腾。旁若无人。

它吸引了我注意，想跟进。不过广州的传媒已经把他找到了。

小三子三十出头，头发蓬乱，胡子拉碴，神情憔悴。原来他竟是中山路上一家大型商厦的副老总，投资房地产，很有钱，也很多女朋友，爱吃喝玩乐打麻将。

大学邀请企业家演讲，小霞是学生会干部，那天负责接待。毕业后到广州工作，二人才沉浸在爱河。

正如耳熟能详的情节，小三子的钱，不能补偿不忠。她走了，他才发觉他在乎。五上湖南寻她，小霞不为所动，坚决"两清"。

人总是在失去以后才知道珍惜，往往太迟。求助报刊电台和媒体，也难——女人除非不变，否则"九牛拉不转"。

缘分过去，便是陌路。

付出双倍体谅

究竟哪一方最值得同情?

北姑(三十四岁),多年前遇人不淑。与七岁大儿子相依为命。为了生活,在尖沙咀任职公关。

港男(三十五岁),家中独子,十多年前丧父,母亲含辛茹苦抚育成人。大学毕业后在律师楼工作。与相恋九年贤淑女友性格不合分手。到夜总会消遣时与北姑邂逅,打得火热。

母亲(六十二岁),以为挨到儿子出人头地,可安享晚年。不料他还打算与风尘女子结婚。家用亦借意取回。母亲不满,反对婚事,且大发雷霆驱逐。

——相恋九个月已离合十次,双方极度痛苦。结果母亲报警,北姑跳海,港男亦跳海相救……

这样的故事并非粤语陈片桥段,历久常新,尤其是近年北姑亦有从良心切者,对很多家庭起了冲击。

"爱得好辛苦!",是的。但母亲也"恨得好辛苦!"。

——如果不惹上她儿子,何必动这样大的怒气?北姑自己也有儿子,将来必更加明白。

但爱情是不可理喻的,舍身相救尽显真心,看来情丝斩断不易。

这种三角关系,各方面都需要付出双倍体谅,减低一半刺激。半明半暗,不争朝夕,"缘"比"份"重要些,生命最重要。你们以为呢?

厕纸和纸巾

有些游戏节目好玩好笑，但不免浪费。

做蛋糕、吃布甸、泼面粉、喷牛奶、踩鸡蛋……这些食物因各项比赛或游戏一一报销。

联想到世上赤贫不毛之地，每天几块钱已可助养一名儿童，予以衣食温暖了。所以觉得很过分。

看台湾一个《全家出动》的游戏，他们好像对厕纸和盒装纸巾十分仇恨，非用尽方法去毁灭。一项是斗快拉完一卷厕纸。参赛者拼命扯扯扯，不消一刻厕纸变成废纸。又有一项是背着手用嘴把盒中纸巾一一咬出来，二人叩头虫一样，一咬一放一咬一放，弄到满嘴口涎，丑态百出全场哄笑。那盒纸巾当然没人会再使用。

参赛者说："在家里不敢干的事，终于干了。"

厕纸和纸巾并不贵重，而且一批一批的买更便宜，谁都不珍惜——但急需使用时，你就明白它的"地位"了。

像早前名女人坐牢，坐牢花边天天见报，探监物件也逐一公开，成为广大市民的益智课外常识。纸巾有限制，每次只能通过一条十包，如果你拎去的有十二包，便打回头了。成狱中珍品之一。出狱者蓦然回首，绝不浪费吧。

"价值观"便是如此讽刺。

"马首是瞻"、"步步为瀛"

　　北京好些百年老字号的名店，到了今天仍站得住脚。照说食品店客似云来合情合理，但鞋帽店，有市场吗？王府井大街上有姊妹店比肩并立，像"盛锡福"（帽）和"同升和"（鞋）。前门大栅栏有"马聚源"（帽）和"步瀛斋"（鞋）……（余不一一）。

　　做鞋还可以。量头做帽？在即买即食即弃的新世纪，是十分奢侈和浪费的——虽然品味和情趣由此而来，可惜人们付不起。

　　一二百年前，帽子就是身份象征，相当讲究。顶戴花翎红缨帽、始于明太祖朱元璋的瓜皮小帽、"四块瓦"御寒帽……民初，大家剪去长辫，有点失重，又追上欧美新潮流，所以草帽、通帽、呢帽、缎帽、皮帽都很流行。后来还有前进帽、解放帽、六角女士帽……看到橱窗有水獭解放式皮帽，和国家领导人戴过的名帽，都是"展品"吧？不过客人还是不少，天冷了，北方人有这习惯。我们只是参观一下算了。

　　不过我很喜欢其中的广告：

　　"马聚源——马首是瞻"

　　"步瀛斋——步步为瀛"

　　既借用成语，又切合店名和产品。

壮汉冷血是现实

一名少女在中环港外线码头栏杆旁不停饮泣，之后跳海企图自杀。她愈漂愈远，还慢慢下沉。岸上有数十名途人拥至栏杆边围观，但壮汉冷血，无人愿意救人。

泳术不精，"看不过"众人冷漠的陈先生终毅然跳下海中把她救起。他手脚擦伤，还损失了一副价值逾千元的近视眼镜。事后表示："可以救人一命，什么也值得。"

这便是现实。

一定要正视：热心者是数十(或远超此数)中的某一位。这种人不多。你也别希望自己那么幸运，会遇上他。

现实中，你发生了什么事也好，那些围睹的人皆袖手旁观，冷嘲热讽，最多发出无大意义没有帮助的叹息和安慰，以上既不花本钱，亦不伤身。真正把手伸出来扶一把的，你要早具心理准备："没有。"若有，是万幸。

你跳海、跳楼、跳崖……久久不成事？徘徊鬼门关？大伙等得不耐烦了，大喊：

"跳吧！跳吧！跳吧！"

几乎是集体念力——当你自杀之前，先想想，要不要成全看热闹的人？

要直不要弯

一觉醒来，不知如何，右边小腿抽筋。从前练舞时曾经拉伤过韧带，有点后患，不过并不严重，几乎忘记了——这天痛得无法伸直，所以要看医生。

对"无法伸直"的腿真恐惧。

平日见到那些横划不横，直划不直，鬼鬼祟祟的字体已很讨厌。如果脊梁不挺，小腿半弯，这样看来多么像罗圈八字脚的倭寇，或者一粒虾米，或者是高干和高官！

我不想做一个"弯"的人。

朋友介绍了医生。推拿和筋骨科的。问：

"是扭伤还是闪伤？"

"扭伤"多明显，当事人必定知道。但现在毫不知情便是"闪伤"。还在那儿联想，有时看文章，说某某"闪了腰"，可见是一时失察。这个"闪"字好神秘：门口忽地有个人。一如一段本来和洽的情缘闪进外人；或你无意地闪进人家的关系中起了风波……

游魂得浪漫，原来医生不过问：

"是扭伤还是跌亲（广东话中"跌亲"即不小心滑倒。）？"

来自国内口音不正的专科毕业生，名字有个"兵"字，一听便知父母非常忠诚，寄予保家卫国的厚望。他在家乡挣不到钱，来港谋生，默默挨几年回去吧。我们谈得很好，因为，都喜欢"直"。

"这儿什么都是卖的！"

我们清楚机场购物或饮食，一般比市面高。

——不过在国内的几个机场，物价是"虚高"，你不相信他们如此"面不改容"的宰人。

首都国际机场内的餐饮价格，更令人感觉误入黑店。

原来早有怨声载道。北京市物价局和国家计委专门下发了《关于加强北京首都国际机场餐饮价格监管有关问题的通知》（又长气又累赘的公文！《价格合理整顿通知》不就行了吗？）。多月仍未见"紧急迫降"的反应。

我见其中一家餐厅，一碟数个包子二十元、汤面六十元、"一听"可乐三十三元……

要了热咖啡，四十四元。OK，算了。但它不好喝，几乎像感冒冲剂。那么请服务员给我一杯开水。她皮笑肉不笑：

"不行。"

"为什么？"

"我们这儿连水都是卖的。什么都是卖的！"

那副嘴脸，活脱脱自己亦待价而沽。

水是十元一杯的。

我们勉强可以付钱，但谁要买这种态度（刘德华的"服务广告"教教她）？"首都"如此送客？是赶客吗？

一个关于"数字"的悲剧

报载，少妇在超级市场偷窃。当裁判官宣读赃物时，庭上人士为之哗然。所盗大部分是食物，包罗万象，超过八十件。

是"一览表"令人吃惊吗？

不止。是一个关于"数字"的悲剧：

少妇二十九岁。丈夫已失业一年。她本是家庭主妇，经济支柱无收入，自己亦欠谋生能力，但得养活一家，包括夫妇二人、年幼子女三名，以及同住的家翁家姑二人，合共七口。据报道，这是她三个月来第二次犯案了。这回所偷，尽是肉食、蔬果、饮品、罐头、蛋糕……（包括给丈夫的姜啤），共四十种，合八十一件，总值$1125.90。当时她推着手推车四处取货，后来放置在三个空的购物袋中，在没有付款情况下背一袋、携二袋，施施然离去，被早已起疑的店员截查报警。

这三大袋可解决七人数日温饱的食物，不但累赘，而且相当吃力，偷窃后运送回家，女流之辈，也不容易。

"我很饿，好想吃饭！"这话是另一在超市偷两个饭盒的三十六岁壮汉说的，一样辛酸。

在饥饿面前，人最先吃掉自尊。

数字简单，但"活着"，竟沉重。

面对睡床的镜子

有人喜欢把镜子当做装饰的一部分，除扩大空间，还以之美化居室。各款镜子是摆设，多过实际用途。

一个男人若满屋是镜，朝夕"顾盼自怜"，倒有点肉麻——不过人各有志，他没碍着谁，所以只能悄悄地肉麻。

我则不会把镜子乱放。有时，觉得这是通往另一世界的媒介，有时，怕从中看到不该看的东西。

镜子之为物，其属性(属土)、凹凸、功能都有玄妙的学问，规矩太多，助旺风水不小心变成破坏风水。

坊间流传：睡房中的镜子千万不要对着床，这是十分不利的。

有没有发觉，很多酒店的 standard 设计，睡床前是化妆桌，上悬一面镜子，本来方便你梳头照镜——但房间往往不大，浴室厕所中便已有镜子了。不知那"不吉"之镜是否应付"标准"设施而设？

说"不吉"、"不利"，其实也非故弄玄虚，只是最简单的心理反应——一觉醒来，惺忪又混沌，一坐起，映入眼帘是张苍白难看头发蓬松的脸，马上就被吓到了！

每天吓几回，肯定神经衰弱。如此而已。

别人艳羡目光

"头等享受，

就是坐享别人艳羡目光"

这是一个新款手机的广告句子。

头等享受，自己惬意。但别人艳羡目光亦令当事人飘飘然——一是实用，一是虚荣。

虚荣满足感更大呢？

有些人好静。若得享快乐，不需要给陌生人看。太骚扰了。

不过有些人唯一目的，是不管怎么样，先赢得别人注目。他/她们昂视阔步，自觉高人一等。究竟是否人人艳羡？也许自己不清楚。亦不想清楚。

娱乐版名人版，常有不知打哪儿跑出来的青春少艾俏丽北姑，亲热地挽着某些花甲公子或貌寝淫翁，二十出头侍候六十出头，珠光宝气脸有得色，她们只觉被跟踪拍照是风头，过着天堂般日子，不必担心负资产失业率，人人羡慕。

也有些壮男穿戴富婆供应的名牌衣饰手表，袋好一叠零用钱，相伴周游列国寻欢去，这种"照顾"你们未必够得上。

——嘴脸上已刻"鸡"、"鸭"二字。毋须专家验证。

注目礼不一定"艳羡"，甚至不一定"礼貌"。

除非你好 enjoy，靠它营养。

擦鞋太突出是自辱

间中，我们还可在日本街头见到一些初生之犊，在最热闹的市中心，站在木箱或石垒上，向陌生的过路人重复又重复地高喊自己名字、爱好、专长。有时，他们也作出些奇特的行为，如在马路来回地走，引人注意。

吸引到所有人注意，而他没半点胆怯和尴尬，这便是"勇敢"第一步。

还有，集体念口号，自我（或互相）激励，咬牙切齿，痛哭流涕，提升士气。成功人士，都经类似的"地狱集训"出身。

这种自虐式催眠，响闹而又天真——我们大概不需要。民风不同，某些连锁店仍生吞活剥地模仿。听见开店前众少男少女在喊口号，真有点累了。但人浮于事，老板要演一场戏，便好歹虚应着。

有个胃药广告偏好"多劳多得"的咒语。近期又换了一男一女"侍候"老板打高尔夫球，一个涎着脸助之入洞，一个侧头侧颈娇俏讨他欢心，擦鞋的姿态明显得恶心。

那么比起来，一群人干此勾当反倒可滥竽充数——对，擦鞋太突出，不过证明你是位极成功的马屁精吧。若主子庸碌无能，再唱好，唱得再洪亮，更加倍侮辱自己。

观音、鱼蛋、图书、牛腩

"观音和鱼蛋"、"图书和牛腩",两者好似风马牛不相及,但却又有点关联,有趣吗?

有些食肆,店小名气大,客人除了是街坊,还有开了房车来买外卖,可见口碑多重要。

香港有不少这样的"名店"。

只说两家吧:——

筲箕湾东大街的"安利",以鱼蛋粉面驰名——它在观音庙旁,后迁到对面。肉香困扰了菩萨。都在嚷"切片头捞粗"、"蛋片河走青"、"玻璃腩汁"……热闹挤拥,百吃不厌。老店在门外公告:"只此一家,别无分店",但偏生左邻另开了一家,亦以"安利大排档"为名,中间一定有些纠缠。

另一在中央图书馆附近,天后地铁站电气道的"大利清汤腩"。简陋窄小,但他们的食客有吃上几十年的,管事人是位七十多岁陈婆婆,问她是否老板?只答是"始创人"。她很有性格,嗓门响亮人也豪爽:"没有必要认真回答啦,顾客至上。"人家赞清汤腩水准高,她又道:"无所谓啦,只要食客吃得开心,我就可以安心收工了。"——又"倔"又自信。

两家都有个"利"字。店主赚到利润,食客大饱口福,何尝不是互利?

贪婪嘴脸

有抢掠者手拎一块冻肉，施施然离去。

就像拿着份报纸去饮早茶一样悠闲——最恨这种"奉旨"般的无耻。

阿根廷政府公布紧缩经济，触发民众骚乱。示威、抗议、暴动。还大肆抢掠。二百多间华人商铺蒙难。

通过电视画面所见的暴民，"兽性大发"，超级市场和商店遭群众撬铁闸、砸玻璃，他们见货就抢。鸡蛋、意粉、牛奶、尿片、饼干、厕纸、洗洁精……还有香槟。

首都布宜诺斯艾利斯南部市郊一名华人东主，为保血本与暴民冲突，用刀捅伤了他，其后不治，东主竟被拘捕。警方不是来驱散贼匪，反而对付自卫的良民？真奇怪。难怪好些东主在门外号啕大哭。有两名则气死了。

明明是贪婪。暴民竟以"抗议政府处理不当"做借口，为趁火打劫狡辩。

最恐怖的，是一家大小一起抢。

还有腹大便便的孕妇，也加入此行列，"身教"和"胎教"同时进行。子女长大后，当年今日的电视新闻片中得以重温丑态吧。

如果你心爱的男人，抢了一大堆面包，沾沾自喜，一钻出铁闸，让美联社记者拍照传真，举世瞩目，他的嘴脸，你还爱得下去吗？

"浙江一条腿"

昆剧又称昆曲。从明初流传至今已有五、六百年历史。综合艺术，也是"诸剧之母"。

"浙江京昆艺术剧院"，来港演出《西园记》、《牡丹亭》等剧目。

还有为武生林为林特设的专场。林为林，名字有性格，像"我是我"，好倔。外号"浙江一条腿"，可想而知是以强硬有力的腿功行走江湖。他以长靠、短打见长，擅演《探庄》的石秀、《夜奔》的林冲、《打店》的武松、《三岔口》的任棠惠、《试马》的吕布、《八大锤》的陆文龙、《界牌关》的罗通……

我比较喜欢《夜奔》，但这回没有。他带来《三岔口》和《界牌关》，前者是全靠身手和轻功表达二人摸黑夜袭的动作喜剧；后者盘肠大战悲壮捐躯，还有"蹉叉"、"朝天蹬"和"躺僵尸"等表演，闭气直挺挺硬死，难度高。若我们来躺，一定马上变了僵尸。

《钟馗嫁妹》一折，与五小鬼配合得热闹漂亮。钟馗因貌丑，京试落第愤然自杀，化为厉鬼，专业捉妖。但他生前曾将小妹许与文友杜平，虽阴阳相隔，亦破伞孤灯笙箫鼓乐，踏残雪，星夜赶路送嫁完婚——有情义，重承诺，了遗愿，武戏外，别有感人之处。

怕有事发生

虽然有线的《诱惑岛》满足窥秘狂——但总觉残酷，自制戏剧效果，真不甘寂寞了。

四对情侣被分隔小岛上，然后节目中安排了其他俊男美女性感诱惑，来考验爱情。

没碰上诱惑，或诱惑不够大，当然不会变。但一切试探均"不怀好意"，并且"永远留痕"。

人们爱上诱惑的过程，多于结果。

某晚"最后梦幻约会"。三名男士(原来四名，但其一被揭发原来已有小孩，节目监制不欲破坏家庭，所以劝谕这对男女离场，终止游戏)都同漂亮爽朗的 M 小姐有过沟通，并深受吸引，有二男还争风呷醋——但到了最后关头，最激情的选择了，他们竟然都不拣她。

M 本笑靥如花，她很自信，也自傲，以为颠倒众生呢。被"放弃"?好失望、屈辱，泪淌一脸。

男人不敢(或不肯)面对这一关——不是不喜欢她，是太喜欢了，怕动了真情有事发生，那么便得把前缘一笔勾销，再写一个全新故事。

别看昂藏七尺，此际还是忐忑、畏缩，多一事不如少一事的。所以不约而同，挑了次选，放弃最爱。游戏而已，玩完之后回家去。

次选比较伤害得起? 不，是首选感情承担不起。

糖葱薄饼的小贩

巴士站附近有吵闹之声。我只路过，有点赶。一看，两名食环署职员，同老小贩夫妇争拗。再看，阿伯瞎了一只眼。被其中一人抓住。两个大男人对付两个老人？抓无牌小贩也毋须这样过分吧？阿伯不断反抗，死不合作。一名职员气极了，想向对讲机报告，召来同僚……

好管闲事的我忙上前道："请放宽一下，不过是混口饭吃。"也想了解阿伯："为什么这样激动？"

原来卖糖葱薄饼的阿伯，早上在中环摆档，已被抓。他们只好到铜锣湾，谁知又被抓。不偷不抢，自食其力，因此很愤怒，他之所以失控，除了生活迫人，每张告票得罚一千元!

因他态度差又不忿求情的阿 Sir，是接到投诉要受理，被骂一顿，在人群围观下无法下台。公事公办，也有难处。

至此我唯有两边说项，代他求情。不知不觉扰攘大半个小时。法律不外人情，阿 Sir 警告了事。吁了一口气。忽接编辑兰子追稿电话，我才省得是赶往中央图书馆翻一些资料，写好后得马上交。糟了糟了，我说六点前一定 OK。飞跑上楼梯……

回身，见两个老人目送，挥手——我真的很快乐。

投诉之前宽大些

关于老小贩的稿，其实意犹未尽，尚有两点意见：——

（一）经济不景，很多人逆境求生，舍下身段去当小贩，食环署也算体恤，尽量酌情不加检控，给大家一条生路。但原来罚款高达千元！像那位卖糖葱薄饼的阿伯，一个月被抓几次的话，急景凋年，如何应付？我认为政府应调低罚款，毕竟他们不偷不抢，自食其力。

（二）很多时当局是接到市民投诉，"非做不可了"。原来又真有人如此得闲。记得年前陈伯与金鹰事件，也是因市民投诉受理，才扰攘至上法庭。那天抓小贩之事亦投诉的后果。

"投诉"是一种权利。当然我们要维护。

——但，投诉之前先从人情方面想想。尤其是现今裁员潮一浪接一浪，好些机构已用不合理的藉口发警告信和解雇信：例如"包云吞超重一克便算失职"之类。

那天和 R 去吃泰国菜，只见桌上有张评分表，供票选服务态度好的员工。我对 R 说：

"票可赞人，也可杀人——如果写下投诉评语，说不定老板借意炒人，以此为罪证。"

非必要，别出恶言。宽大一点。

"百无"茶餐厅

《麦兜故事》中的食品，都不是什么高级精致美食，但均属大家生活一部分。还十分市井。

像儿歌中常强调的"猪腩肉"、整多两笼"大包"、"纸包鸡"、"火鸡"、"鱼蛋"、"粗面"……还有茶厅中的 A 餐 B 餐。

本来电影已终。字幕出时观众都离座。我们坐最后一排，正待起来，身后一位阿伯忙叫道："不要走呀，结尾有一段很好笑的!"原来他是带位，看了多遍还在笑，可见乃神来之笔。你们可以不信领导班子和特首，但带位阿伯筛选后的"推介"，必具他专业眼光。

而这段看似无聊的茶餐厅"白无"对白，加上吴君如(这段配音好过片中任何一段)和黄秋生(配校长、黎根、茶餐厅老板都精彩)二人皮笑肉不笑的抵死演绎，那些什么"常餐"、"快餐"、"特餐"、"茶餐"、"午餐"、"晚餐"……混淆不清，没得选择。各人不止会心微笑，捧腹大笑，一边走还一边数算，这一大堆陪伴香港人成长的巧立的名目，同样材料排列组合，朝三暮四，换汤不换药，是亲切可爱的快餐文化。

——我们要到了数番起跌、成败、得失、悲喜之后，才更明白，要什么不一定有什么；很多时要什么没什么。

人生不外如是。

最后的呼唤

经常见大陆人民法院公审、宣判、死囚示众的新闻片。犯人都剃头、穿拖鞋、手镣脚铐，一个扣一个进出场。有些木然，有些嚣张。家属们只在庭外，囚车与囚车之间的缝隙，一望自己亲人——儿子丈夫情人兄弟。因杀人、抢劫、贪污、制毒、贩毒……罪名，判死缓无期徒刑，而更多难逃一死。上诉驳回后是即时押赴刑场伏法的。

一回看电视，匆匆而过的画面外，有童稚声音：

"爸爸! 爸爸!"

它是不重要的"画外音"，voice over。但那回却清晰得很，也凄厉得很。在大人的哭喊中，彷见无助小孩，一时之间还分不清男女(小孩的声音都一样懵懂天真)，泪流披面，大喊"爸爸"——谁知他已踏上不归路，从此不可以回家，共吃一顿晚饭，抱他、哄他，听他提出千奇百怪的问题。爸爸不但无法教他，自己恨错已晚。

稚子无辜。但大人做坏事，他受直接影响。最大的不幸是无可选择地在一个单亲家庭中成长，终生失去父爱。

所以才在最后一刻，尽情地呼唤……

伤心火鸡甜果包

麦兜蠢钝，但很可爱。

《麦兜故事》可爱，但很伤感。

观众因它平凡亲切而微笑。例如麦太斥资买了一只圣诞火鸡吃足半年，直至五月粽仍未罢休，笑中有泪。

母亲总是什么都舍不得扔掉——但现实中却有子女把母亲扔掉的个案。麦兜长大后(片中的"真人版"其实没必要，相当尴尬)，忽地怀念小时冰箱中滞留半年的火鸡，他母亲火化后如直上青空的烟，不能多停一分钟。这一场戏，几句旁白，令人泫然。

不过，我们还是不要谈伤心的火鸡吧。

圣诞过去了，大家的冰箱中，必也有好些尚未干掉的美食。大量巧克力，木头蛋糕、甜馅饼、华丽香浓但又铁石心肠的圣诞布甸、肉桂姜饼……

今年有人送了长长的一条 X'mas Stollen 给我。那是德国传统食品，材料是杏仁、葡萄干、橙皮、杂锦干果等做成的硬面包，因加了白兰地，带着酒香，上面还洒了一层糖霜。它不是蛋糕，但又不像面包般容易变坏。没有其他点心般腻人。不过太撑了，只能吃一两片。

生活悲苦，所以我们也不忍把甜蜜一下子吃尽。留几分色彩，延续不真实的喜乐。

鼠无大小皆称老……

美食推介在台湾某处，有间"鳖"专门店。主角是甲鱼，菜式当然大补。活宰。一割喉，血猛放，注酒中。取胆后，胆汁也注酒中。于是什么也没开始之前，先有一杯红酒，一杯绿酒——色彩极鲜妍，而且补了血气，才饱餐。

鳖清洗、斩件、汆烫、过冷，便可炒三杯、红烧、清炖……甲鱼炖汤，不能再加盐巴，否则破坏了它甜美的原味。先喂它呷酱油，全身已有鲜味了。

店中有联语：——

"鼠无大小皆称老

甲鱼雌雄都是鳖"

甲鱼如何分雌雄？是看尾巴：公的尾巴尖长；母的则圆而短。

这对联所言甚是，大小鼠不分老嫩都叫"老鼠"，不管少年老成还是自来旧。不过下联不太工整。那个"无"字便对不上。"鼠无大小"，应该是"鱼×雌雄"吧。

有朋友笑道："那么你来对？"

开玩笑，连平仄都不大懂。不过若由我来对，便变成这样了——

"鼠无大小皆称老

人有雌雄总是痴"

那么甲鱼呢？算了，既然忙着痴，哪顾得上吃？

（后记：郑先生电邮告知，下联有（一）"龟有雌雄总姓乌"。（二）"鹦有雌雄总叫哥"。）

还是比较欢喜

几乎每一位"911"幸存者都有一段逃亡的历程，但不一定每一位都有故事。

故事，是中间总有点事情发生，比较特别，亦感动人心。

像那年圣诞，饱受丧夫之痛折磨的多萝西，一度因丈夫(六十二岁的加西亚)乘搭了联合航空班机罹难，痛不欲生。

丈夫措手不及大去。一句话，一件东西也没留下来。她唯一希望，是寻回结婚指环作纪念。

本来这个心愿很渺茫。但奇迹地，美国联邦调查局人员在坠机的灾场寻回其亡夫的钱包和指环(残骸当然已经……)。他们给她送回去，指环上刻着"挚爱，8－2－69"。

这是 个悲喜交集的圣诞礼物。

最最最希望，其实是"人"，不管你变得怎样，只要一息尚存，仍然要你。但不可能了。那么便希望得回最具纪念意义的信物，这是无价的，也是生命的寄寓。

——她得到了，梦想成真了，还得独自坚强活下去。在无常的人世，实在不属于喜讯。但一切都是"比较"，比起好些连小小一个指环也找不到的未亡人，却是大幸。

在新年里，我们应该这样想。

"两把头"和两张脸

塑胶美人芭比娃娃，新年推出三十多个新 look。包括美人鱼、溜冰皇后、假日天使、爱尔兰公主、中国公主(清朝宫装。应名"格格"吧？)等。不管什么名目、装扮、特色，也不过是换一件新衣的倒模公仔而已——奇怪，仍有拥趸高价购下珍藏。

我对僵硬的芭比没有兴趣。

而他们挑选了清装 look，又真是双倍僵硬。

清代宫廷服饰，一直令我充满疑惑与惊骇——为什么大内的设计师会得把所有废物给堆砌上身？

那些文武大臣官服上马蹄袖，两块摺上去的马蹄形布块，是为了他们惶恐下跪时，"啪！啪！"两声打下来，以"奴才……"开始以"嗻！"终结的有声道具吗？既不漂亮，又欠威仪，更难保暖，其功能是展示"犬马之劳"吧。

后妃宫人、八旗贵妇的木头花盆鞋固然如踩跷，行动不便，接近残障。最自虐首选顶上"两把头"，尊贵象征。不是帽，而是大块起棱的板，缠以黑缎，缀以绢花、珠宝、垂珠穗。爱美的后妃扣戴发上还饰一朵巨型牡丹芍药，比人头还大，远看像两张脸。确为相当沉重的负荷，长此以往，颈椎肯定出事。但她们仍高傲地顶着大黑板，昂首挺身扭捏缓步。

大嘴和快嘴

广东人讲多错多，北京人称之为"大舌头"——舌头过大，成为一种障碍，才口齿不清，怎么也说不好。甚至呆住了。

同"大舌头"相反的，口没遮拦，四下张扬，便是"大嘴巴"。口大不是吃四方，而是唱四方。

遇上大嘴巴，你可以"守口如瓶"的瓶嘴来对付之。

若嘴皮子伶俐，又爽又脆，"一轮嘴"机关枪扫射，也有外号。大陆电视上重播旧剧集，唤《快嘴李翠莲》，李翠莲这人物据说出自宋代话本小说，"快嘴"肯定是卖点。剧种以轻松幽默来吸引观众，女主角性格泼辣，快言快语，得势不饶人，"江湖奇女子"嘴不灵，表达能力不强，又如何打抱不平伸张正义，骂街又怎会痛快？

大陆女强人嘴快，但台湾的节目主持人、新闻主播、政治评论员、作家、议员……嘴更急，如瀑布流泻，如含水相喷，词锋也十分犀利。女立委除此专长外，身手也了得，总是骂骂骂，然后打打打，不让男立委雄霸。

——不过，再快的嘴，不及敌人慢慢的、阴沉的、令你束手气结的"性攻击"。

政治就是这样。

"神猫"整人记

看台湾的综艺电视节目，有时不知那些嘉宾为了效果才表现得那么弱智，抑或他们本来就笨？

有次某整人节目找来一名女神棍，抱着一头神猫（名唤"喵喵"），领着徒儿，上来把嘉宾唬得团团转。据说早前另一头神猫（名唤"咪咪"）有灵感可预知，所以观众都迷信不疑。

三位嘉宾向神猫请教。

一位听得后半辈子际遇凄惨，成为拾荒老人，还被三壮汉打得鼻青脸肿，急求消灾。神猫着他下跪，然后往头上砸鸡蛋。

一位为了求财，满地打滚，大喊"财源滚滚"！

另一位女艺人问婚姻，通过神棍的嘴巴相告："你是尼姑命，嫁不出去。"——为了解厄，得单脚站立，向着广大观众，高叫十声："我要男人！"她不但恭敬从命，还一声比一声大，一声比一声凄厉，十足一头活不过今天的叫春猫，献身所有男人！

节目尾声，当然由主持人公告这是一个玩笑。但嘉宾已丑态毕呈。明知上的是什么节目，也愚昧受骗，不会是"演技精湛"牺牲自尊吧？

这样的节目，令所有观众捧腹之余，还十分之有优越感吧。真是功德无量了。

动物早已这样干了

逆境中，好些富豪破产，一贫如洗，为了求生，舍下身段当小贩、的士司机、sales……

面对风浪和挫败，等待重生的一天。这样的故事激励人心。

人对很多东西无能为力，因为"被动"，人改变不了环境、大气候、人家的想法、经济不景。人也改变不了命运——唯一可以自主的，是改变自己去适应，且不怨。

这是人性的特质？

不。动物早已这样干了。

章鱼虽有八只脚，但面临敌人攻击咬住不放，它会喷墨、变色，仍然无效？不假思索地收缩肌肉，切断其中触角逃亡。

螃蟹特大的钳状螯是宝贝，一旦情势危急，会自断以保命。

海参可以排出稠稠黏黏的肠子内脏，把身体断裂两截甚至几块。

海豹原在海岛群居，栖息岩石，但潮水来了，无立足之地，由陆居变为水居，全身作了调适演化，不但学会游泳还精于潜水。

金鱼在宽广的池中不知多逍遥，但屈身小盆或鱼缸，转圈不便，它会瘦身，鳍也变小了……

"改变"和"舍得"是个惨痛牺牲的过程，并不容易，重生也几经调养。

——动物可以。为什么有些人却寻死？

"抓捞"有何不妥？

电视台艺员被公司投闲置散，合同又未满，没工开当然闷，相约消遣之余，还自行印刷卡片到处派，让多些人知道可以找他/她工作。"有的捞就记得通知我一声"云云。

娱乐圈惯用形容词："捞"。是贬词。抓捞是否好 cheap？我认为不能一概而论。

"抓"是个不雅动作。"捞"则为不上路之工作态度。只不过因为逆境求生的艺员不红，人们才势利地讽刺而已。

其实经济不景人浮于事，得积极一点找些出路。既然没有经理人，那么自己出面四下打好关系，让人有方法找到你，提供工作，总好过无所事事虚度光阴——我们应该支持这积极行动。兼收并蓄，能屈能伸，有什么不妥？又不是吃软饭，又不是企街拉客，更不是懒。大家给点鼓励吧。

如果他/她够红，印卡片派街坊，便归入亲善活动。见到好角色、好导演、好剧本，主动去争取，合情合理。跟红顶白的娱乐圈，不会嘲笑之抓捞，改用"自荐"，还推许没有架子，且极具自信，把握机会，精神可嘉之类。都是好听的话。

现实是：不红，动辄得咎。不公平？当然。

他喜欢黄色

《壹周刊》某期的跨版图片"大城即景",拍到一位喜欢黄色的拾荒者。

傍晚六时许,记者在荃湾德华街所摄街头照。一个行动不方便的男人,双手依靠脚架上路,肩上一条尼龙幼绳,系着他从垃圾桶捡来的整整一箱纸皮,沉甸甸的,由街头拖到街尾卖。

这帧照片拍得很生动,也很沉重,还带点悲凉。我们看到他的吃力,也可以想象这样的纸皮不会卖到多少钱。

——但,最令我感动的,是即使身处不堪逆境,这位拾荒者仍坚持他生命中一点色彩。

这色彩是黄。

他穿黄 T 恤。他的脚架铁枝上都捆了黄胶纸。一跛一跛的脚,穿着那双旧波鞋,鞋头竟髹上黄色。还有那条负重的幼绳,也是黄。

黄,代表了希望、积极、向上、开朗。黄增进食欲。黄也是财富的象征。当然,好色之徒皆爱黄。

生活贫困苦闷,他用黄色来支撑。最黯淡的时刻,仿佛见到他把拾来的一份鲜明,这里那里,点缀一下,提高士气,继续奔波。活下去。

一个一言不发,匆匆走过的陌生人,有时说了很多。

有人盲目爱着他

近日有则新闻，是一对老夫妇任由露宿公众走廊的儿子冻死，不但不肯见最后一面送最后一程，还宁留家中等候两部新电视机。父母表现冷漠。

"他死掉了？我不会理睬的！"

——伤透了心的老人，哀莫大于心死，苦劝无效，彻底失望，才"断然"逐出家门，当少生一个。

猝死的儿子正值二十八岁英年。据报道，他误交损友，染上毒瘾，不务正业，无心改过，乞讨索钱，还厚颜强占公众地方瘫睡便溺，臭气熏天。屋村职员和街坊邻里都拿他没折，神憎鬼厌。

一夜冷风，夺走性命。

但这样不堪的小人物，连亲生父母亦已绝情不顾，他在不在，无人关心吗？——不，有一个女人，不但陪伴他风餐露宿，承受白眼，毒海浮沉，且难以面对死讯，情绪激动，还呆坐当场不愿离去……

这就是"爱情"。

竟然可以为了一个人人都瞧不起的男人，全情投入？没前景，无后路，甚至连明天也失去希望，真是"义无反顾"。有人爱着他，走得不算孤清。可自己太不争气了吧？

大家总不能以为这是伟大，或值得同情——当局者迷，真情流露，她有她的执著。我们不会明白的。

男女之间，谁明白？

千方百计求艾滋

韩国釜山一名四十岁的前黑帮副头目，千方百计谋求感染艾滋。

人人谈之色变的世纪绝症，用来换取什么呢？

——是"自由"。

黑人物某年十月因"教唆杀人罪"被法院判处无期徒刑。三个多月吧，已受不了。服刑期间，在病房中用尽一切方法说服一名患有艾滋病的囚犯，第一回以利器割破对方面孔，把其血液涂在自己手臂上伤口，但"失败"了；第二回他发狠，把艾滋血液注射在自己体内，还吞咽对方精液，作双重保险。

"破釜沉舟"，皇天不负有心人，终成功感染。以"身患绝症并濒临死亡"为由，期望依法得提前保释。

不过司法部以他故意设计且无即时生命威胁而拒绝释放。

回心一想，就算苦肉计成功了，以精壮之年，日渐枯槁，坐以待毙，肯定没什么作为，可在外面世界苟活些年而已。不愿在狱中健康地终老，只求呼吸自由空气短暂的梦，甚至是噩梦。生命诚可贵，爱情价更高……不，只有失去自由的人，才明白。

梦碎。看来"自由"与"生命"都凶终隙末，不如要"爱情"吧？——那位冒险成全他的同志，也是个好对象。便相濡以沫共度基情岁月，不枉体内流着他的血……

财神胸罩，欲脱还休

台湾女人喜欢在过年时穿红内裤，所以年年都见这样红得耀目的三角地带广告。除外，还有红胸罩，一套。上有"招财进宝"图像，下有"吉祥如意"佳句。

为什么把财神爷给印制在胸罩上呢？"因为喝了她的奶水，心中喜欢，便保佑她发新年财了。"

道来不过喜庆祝祷。但你们有发觉其实极度猥琐吗？

首先便"诬蔑"财神爷好色(照说应该印上盐仓土地或灶君，才那么爱吃奶!)，还有，未嫁姑娘或青春少艾，哪有"奶水"供应?那么他老人家的行动便是"精神上"的了……

并非每个女人都"神尽可夫"啊。难道为了发财由得阿伯非礼？这内衣裤广告是意淫。

可是在中国内地，则假撇清得很：——"本报讯：昨天，王府井一店铺内一块有伤大雅的内衣裤广告被撤下，发布这广告的××××公司，被工商执法人员罚款近万元。"

一看，不过是模特儿摆个性感姿态拍照。"欲脱还休"，罪名便是有伤风化，天呀，她是在穿还是在脱？见仁见智，各有说法。而且总不能由中央台新闻报告员那般严肃自持兼党性奇高的女同志去促销吧。

海峡两岸对待女人的内衣裤，一是过，一是不及。

《海底沉枯骨》

凌晨四时多，我见电视上有粤语陈片《海底沉枯骨》。由吴楚帆、黄曼梨、周坤玲、黄超武等主演——当时而言，是一级卡士。名字那么"白"，一看便知是谋杀案吧？原来不。

故事说吴楚帆与周坤玲是情侣，但周父母嫌吴没出息，阻止来往。吴一气决定出头之日才回来，否则恩消爱泯。贪财的父母迫周嫁给邻居大宅的富家子做妾侍，周与无生养的大婆黄曼梨情同姊妹。吴发迹回来寻周，偷偷相会，富家子发现，自己用刀误杀自己。吴恐惧不已，竟黉夜铲泥把尸体埋在对面木屋地下。疑心生暗鬼。不妥当。又黉夜起尸，裹好后托在肩上明目张胆一路走至海边，扔进水里。警方发现，潜水捞起。盘问周坤玲。此时吴赶至，当着众人面前约周私奔。痛骂封建制度，为求子嗣，迫良为妾，而不去收养千千万万无父无母的孤儿……

吴楚帆把全世界教训一顿后（足足数分钟，义正词严），被警方带走。

——又没有杀人，积极毁尸干么？被捕时不自辩，却去反封建，是否本末倒置？至于那条尸根本未成枯骨也未沉海底，如何贴题？

那么有趣的电影，相信只有本人（和极少数"通宵工作"的人）才欣赏到。

由 98℃ 到 24℃

有个日本拉毛内衣的广告，一双上了年纪发略花白的夫妇，轻握着手的合照。他俩笑得从容、自得、舒服。身后是同心协力经营的一家"阿古屋茶屋"，卖御茶渍，"京の美味"是自家制的一种调味品山椒。小生意，但安分知足。

广告中二人穿上适体而不臃肿的冬衣。

为什么可以"不臃肿"？美术设计撕开一角，原来都穿了拉毛内衣。据说"拉毛技术形成双层空气层，将暖空气保护在内，达到均匀保暖效果。纤维空气层则迅速导温，保持身体的温暖与舒适"——不大明白？不要紧，卖点是"暖"。

所以牌子唤"暖恋"。

斜晖中，青石路上，执子之手，与子偕老。早已过了"热恋"期，维系感情，不再跌宕、激动、多疑、易怒、狂喜、痛哭、妒恨……数度分合，要生要死，欲仙欲死的 98℃。

今日(和往后的日子)，恒温 24℃，再冷冷不坏，温和舒适，像一碗搁了一阵的御茶渍，有梅肉，有鲑鱼，有海苔和山椒。寒风中端起即当夜宵。不太饿，毋须要求果腹，够了。"暖恋"，比较长。

——但，还是"热恋"之后才来吧。

福薄缘悭的句号

台湾台北县一个七十四岁的男人用菜刀砍死一个五十八岁的女人。

据邻居说，老翁是个憨厚、客气的好好先生。而他行凶后也没逃跑，迷茫地由警察拘捕归案。女儿终也向着他。

一定有前因后果的。

原来老夫少妻共同生活廿多年。十几年前，她红杏出墙，还离家出走。后来（即一个月前），也许某些原因与情人分手，便回"家"了。复合时已老夫老妻，都想好好同过日子。

但这位年近六十的女人，没珍惜一个她仍可以"立足"的家，仍藕断丝连。邻居也因她"故意把男人带回来睡"而有微言。

情人节午夜，女人还偷偷打电话给外遇谈心。女儿听了，气不过，砸烂她的手机，大骂妈妈一顿。老翁忍不住，砍死她。

情欲故事就这样划上凄厉句号。

白发苍苍的老人，不但无法重修旧好重建家园，其余生恐怕得在牢狱中度过。大家很同情。

他本来是位善良、宽容的老伯，他已原谅一切。要求那么简单、原始，却福薄缘悭。他一定很爱她的——换句话说，她更福薄缘悭了。

再换个角度看：她一定很爱另一个男人的……

大腕、大款、大隐

国内曾有卖座电影，是冯小刚导演，葛优和关之琳主演的《大腕》。葛优演技一向自然生动，尤其"皮笑肉不笑"，把最荒谬的"喜剧丧礼"勾当极其认真地干。

演"大腕"，不管真伪，总得有个样儿有点气派。

这戏生动明快，对白精彩。但对名字曾有疑问。

中国内地经济改革开放以后，民间一部分人先富起来。所以产生特别的名词(或形容词)。有时听见人称"大腕"，有时则是"大款"。念起来差不多的音，实质是否一样？每次当我下笔时，也考虑了一阵。

原来是不同的。一个人"发"了才可称"大"。但各有能耐：——手上有权是"大腕"；有钱是"大款"。大款不一定就有权势，但他是"明星"，富甲一方，享受人生。大腕则总有办法搞到钱。

让你挑选，爱做"大腕"抑或"大款"？

两者都是人们的梦想。

最最最好的，是既大腕又大款，但不张扬扰攘，实实在在的"大隐"——"小隐隐于陵薮，中隐隐于司官，大隐隐于朝市"，若什么都有，又大隐于市，风流不为人知，无人挑衅、垂涎、绑架、勒索、请托、求借、敲竹杠、打秋风、妒恨、攻击、以推倒你为目的……这样，才算是真正的福禄。

不让女人流泪?

有男人论及"完美情人最应具备的条件"是：

"作为一个男人，不该让女人流泪！"

还道："如果感情上一定有人受伤害，男人应做受伤的那个。"

但他们不知道(也许一早已洞悉却不说破)——女人会感激不让她流泪的男人。但最记挂、最思念、最放不下、最不甘心、最魂牵梦萦、最爱的男人，偏偏是令她流泪那个。

犯贱?

当然。还用说?

但刻骨铭心的人，或那段情，怎少得了心如刀割、长夜哭泣、朝思暮想、行尸走肉?

受伤害的女人，当她恨你时，也付上同等的感情。几番离合，到头来还是要他，不怨不悔。

最后若有结果，眼泪没有白流，反而是一种点缀，值得回忆。凶终隙末缘无分，眼泪便成为祭品。

虽然她可以自嘲，但你不要取笑，因为你不是当事人。

女人从未为过一个男人流泪，她的人生便是一碗缺盐的汤——食不下咽时，眼泪滴进汤中，那微妙的咸味，令人和汤都丰富点。喜极而泣是你我心中最好的结局。

不让女人流泪的男人不算君子，不是义士。他只是无能为力吧?

"秤体重$3 –"

晚上，在人流最畅旺的铜锣湾闹区，崇光百货公司附近某个角落，我见到他，和一个电子磅。

地上有块字体不错的小纸牌：

"秤体重　$3 –"

这个男人衣裤鞋袜也整洁斯文。坐在那儿，等匆促路过的市民花三块钱磅磅体重？我没见过这营生。便联想到是不是电视台的整蛊游戏呀?旁观好一会儿，人们路过好奇一看，但没光顾。他一直垂首，不好意思。中年男子操普通话，说他来港数年，做过杂工，失业了，向劳工处求助又难为情。他在国内(江苏)是司机，但在香港认不到路便无法干回本行。昨天坐了半晚，才有两三个人，因同情而来上磅。怎么会有此点子？

他的理由是："在大陆，街上都有付费秤体重的，很普遍，大家都注重身体状况。"

他不知道，香港人家中大都自备浴室磅，注重纤体健康的人也会到什么中心去减肥。谁花钱在街头磅重？

"三元太贵吧?"他把纸牌一翻，"这面写了一元——不过，收人一元，太少了，总有种讨饭的感觉。"

聊了一阵，不想说破。我道：

"祝你好运!"

最近一回是几时?

有人问我：试过很"贫穷"的日子吗?如果是"经济"上的，大概没有——不是钱的问题，只是知足（被迫地）。

当然，"贫穷"的日子，其实有的：

手机不响、没留言、没信件、没 Fax、没短讯、没电邮、没人理会我（别说对我好了)……何止"贫无立锥"?简直连锥也无。

荷包总不能完全干瘪，但"贫"与"富"，某些时候比较抽象。最"富裕"是开心。

——开——心。

不是"笑"，笑很容易，任何人牵动嘴角肌肉，便一张笑脸。"开心"是心底浮升的，快乐得想哭的感觉。

看到一个广告，女主角"心情坏了，偏偏会笑"；"心里欢欣，却成泪人"。

心情坏，还要笑，如骨鲠喉，牵动嘴角要使用双倍力气，比哭还难看。但人经常展示的"一号"表情，便是这个了。行走江湖，怎能逃避呢?做得不好?再练习，工多艺热。

我们多么希望开心得流泪，快乐得原始、简单、天真，像个幼稚园小孩般，笑得肚子痛，弯了腰。

你最近一回开怀纵情大笑，是几时?

你清楚你的笑属于哪一种?真或假?

"小切肤"胶水

走过一家店，一位化妆小姐追问：

"要不要试试受伤？要不要试试受伤？"

——受伤为甚么要"试"？避还来不及呢。谁那么犯贱？

原来是"手霜"。

化妆小姐的语音不正、不清，不要紧，她自国内比较贫穷的地方南来，也许不曾"分门别类"护肤：脸一种、眼睛四围一种、嘴、T位，颈、胸、腹、手、脚……都有只属该部位拥有的cream。

这回推介的是"手霜"。而基本元素返璞归真回到"甘油"。

手最易受伤，但也最容易自力复原。人的手，粗，但也幼细——因为最粗重和最精致的工夫，出自双手。

容易受伤的手多用手霜，不能减低受伤机会，只是你告诉它："我重视你。"给男人用手霜？也不过同样原理。

手上有小伤口，不理，也会好，不过碰这碰那实在烦。

日文中，这唤"小切肤"。

小，也是切肤之痛呀。在干冷的严冬去买手霜，好似没有作用。女孩递上一支"液状绊创膏"，对，是伤口的"胶水"，干后形成保护层。但一涂上，因有消毒火酒，剧痛。女孩殷切问：

"itch？"

有人问，"表现"得夸张点。没人问，表情木然又过去了。都小事化无。

"欲祭疑君在"

一双小兄弟（十三岁的大吉，七岁的小吉）在海边钓鱼失踪。数日后，大吉尸体被发现，而小吉仍杳无音讯，警方曾作大规模海陆搜索，没有结果，才收队。

——妈妈不死心。不但到佛堂诵经为小孩消灾解难，还期盼大家帮忙寻找：

"快点帮我去寻回小吉，他只穿背心，又赤脚，衣衫单薄，会着凉。又或者被人拐返内地，再迟一点就找不回了……"

慈母的心事：再怎么不堪，他尚在人间就好，不肯往"死"里想。只要有万分之一的机会，也不放弃。寻找，继续努力寻找。

大吉已不在，要举殡致祭。本来，去世的人，早日超度拜祭，令他安心上路，了却心事。但 天没有非常"明确的结果"，一天仍把他当做生人。悬胸的大石，压住个人悲喜，没有自己，只有他——你在哪儿？你冷吗？你饿吗？你遇到甚么？只恨帮不到你。我不是怀疑你不在，我只是怀疑你仍在。若把你当做死人，是多么的不祥……

忽联想到一句诗："欲祭疑君在，天涯哭此时。"

世上有那么多人，有些历尽艰辛可以找到，有些却已找不到了。妈妈的忐忑思念，你们会明白吗？

所有"失踪"的人，有在午夜梦回之际，探望过亲人吗？

面 和 饺

坊间出现很多具乡土风味的馆子，标榜地方美食，如台湾小吃、北方面饺。

面和饺子是中国北方的主食。做法很简单，但看如何包装及招徕。

有一家以镇江排骨汤面见称，酸辣汤饺子亦很香浓。不过我喜欢他们即制的馅儿饼，热腾腾，还泄漏滚烫的肉汁。饼便宜普遍，饺子则换个形状。有韭菜猪肉馅，另一家，则是牛肉。都是咬开一泡汤似的，好有"精华"感。

我曾驻足旁观他们做饼。葱油饼擀了一层又一层，叠好再煎，葱不过轻贱物，却是家常美食。有一回，还见厨子往油豆腐里头塞肉。烹饪版教人先把油豆腐浅浅切道口子，然后小心把它翻开露白，再填入肉末还原——但，会家子只消用粗筷子头，把肉一挑，一塞一堵一捏，便在内堆填而不露馅，比花巧的专家朴拙，但更快更好。我看了一阵，又明白了一些道理。这是"内涵"。

某馆子推出炸酱菠菜面，及排骨胡萝卜面，前者颜色翠绿，后者带点橙黄，都是好看的"图画"。还做"素饺"，以豆腐粒、甘笋粒、黄芽白和粉丝作馅，比肉馅清鲜，蘸蒜茸醋汁吃。这家生意不错，但汤底不够好，淡而乏味。我们再去光顾时希望已改进。

当然，吃来吃去，还是广东的云吞面水饺最好，若上汤鲜美，吃个涓滴不留。

日本也是面饺之国，对一锅汤之尊崇敬重，早已拍成电影《蒲公英》致意。

一些东西留下来

活得尊严，老得体面，走得安详，这是所有经历过风浪起跌老人们的愿望。也真不容易。所以上海"永安"郭家四小姐戴西是令人敬佩的。

看到日本第四十一届"全国唱片大赏"中一项，企划奖。这 CD 是音乐、朗诵、摄影的结合，没知道来龙去脉和名字，但见一位九旬老人，在镜头前朗诵了诗作。

他那么用心、感性，而且对艺术尊重。主持人、观众和合作者都泫然。

他自己亦带泪以竟全功。

道：在八十五岁那年，爱子也辞世了，身边的人一个一个地走了。他还活着。眼看春去秋来，亦悲从中来，心情起伏，不过有些东西留在人间，得到共鸣，还是幸福的。

生命短暂无常。"你留下些什么东西呢？"——只要这样一问，你就不敢放弃吧？抑或，一切顺其自然？

一些东西被"留下来"，很多时是无意的，被命运挑选的。非个人费劲铺排。

不过我最记得这位老人家同节目主持人开玩笑：

"恭喜你得奖了老爷爷。"

"不，你不能这样说。"

"——？"

"不应叫'爷爷'，你得叫我'哥哥'。"

仍是充满生之喜悦的……

"三元一角。"

一回，见人拎一封信出来，问：

"寄×国。邮费多少？"

掌管"邮务"的女孩，用手一拈量，不假思索，马上答：

"三元一角。"

——她的手便是一个磅？

我觉得神乎其技，但磅一磅，再查表，寄×国，是这邮资。

天天拈量信件，大小厚薄，心中有数，差毫厘也分得出，不会超重欠资，也没便宜了邮局。她"一上手便知"，这是职业本能吧。

就像按摩师一摸，马上知道哪一块肌肉劳损，有感觉得到的"结"。算命的一摸，洞悉你前世今生。母亲一摸BB额头，说得出发热度数，一摸他大便，知道出了甚么问题。我们一见广告牌或启事，必找得出错别字，还有拈上手的书，掀掀跳着看，已知是否好看？值不值得看下去？——这是保护自己。次货，怎肯浪费时间？因为时间不多。

但一山还有一山高，校对部的高手又能把我们的错别字迅速给找出来了，可见他们更加专业。

有损友笑，"资深"欢场女子，也是一拈量之下，已知男人有多长？有多久？有没有病？她们也像答"三元一角。"那么快捷和专业呀——说是笑话，不过阅人到这伟大程度，无论如何也不应是个笑话了。

第二回以致二百回

有些非礼、强奸的"添食"个案，大家很疑惑，事情是怎么发生的？

三十几岁的女侍应，邂逅了一名客人，男子经常找她，约她外出，她应约，遭强奸。既非意愿，却不揭发。一两个月后，男子又来找她，她又应约，在僻静地点，再一次遭强奸。

女徒状告气功师非礼淫辱，法官因供词矛盾而不满。他很奇怪，事主们都是四十岁，老练世故的女商人，为何事发后未即时投诉，反而求诊无间，甚至接触达二百多次？

日本一名十岁女童被一精神异常的男子掳走，幽禁家中二楼，长达九年。她从一个小女孩，长大成人。九年来，竟然从未想过逃出生天？是否案中有案？

大家常在报上见到，少女 ABCDE，很随便即兴地，与在年宵市场、街边档口……结识了陌生男子，或是同她契姊的 friend 契哥的兄弟们，或 ICQ 往还几次的网友 line 友……要不上别人家中吃喝，要不彻夜玩乐。倦极入睡，一觉醒来，"竟然被人性侵"。

——怎么可能"竟然"？

女性受到侵犯，当然是受害人。第一回可以说是入世未深措手不及，但第二三回……以致后来的二百回，你说是谁的责任？

食髓知味难道不因为受到姑息纵容？

红鞋子、绿鞋子

电视剧集有它的"命运",但头两三集一定很精彩,落足本钱,以期抓住观众的心。而好看的小说,开篇便已吸引。尤其是推理小说,简直"不择手段"——大家要学的,也许不是怎么写,而是怎么"抓"。(像中国内地惯用的词汇,甚么都要"抓"。抓革命,促生产!)

记得赤川次郎的某个旧小说:《穿红鞋的女孩》,其实故事不算奇特,但故弄玄虚,由"鞋子"开始。

警视厅搜查一课刑警宇野乔一(四十多岁),和他那在念大学的精灵八卦女友永井夕子(二十二岁)在法国餐厅约会。

一个阔太去付账,那十五、六岁的女儿先到外头等她。夕子发现女孩左脚穿绿鞋子,右脚穿红鞋子,是流行的搭配。女孩从地库餐厅上了楼梯,忽然失足滚下来。"咚!咚!"的响,昏迷过去。没甚么事,刑警依一般手续通知救护车送院。

"喂!你看脚!"夕子小声叫道。

也没甚么,一样的红绿鞋子吧——但细看,原来变成右脚穿绿鞋子,左脚穿红鞋子。才电光石火的一刹?

故事发展,又牵涉几个男女,两宗命案。同鞋子有甚么关系?最后还有鳗鱼饭便当呢……

但愿我的故事也有红鞋子、绿鞋子来抓紧你。

在"赤川次郎"身上表态

到图片馆借一批赤川次郎的推理小说来轻松一下。

最有趣的，是发现上几手的"遗迹"。

有女孩把她的彩色贴纸相（还举起 V 字手势咧嘴大笑）贴在书内，写上：

"我要钱，我要加人工！

我要爱，我要好老公！"

女孩当然年轻，顽皮，没有公德心，才干此勾当。不怕曝光，任由品评，不怕羞，道出心声（事实上是所有女人的心声！）。

不过，其他读者回应，又写上：

"无聊！"

"丑八怪！"

各位，赤川次郎不是公厕，你们在他身上涂鸦，气死他。

而且女孩要表态、征友，不应挑推理小说，书名还是《幽灵同志》。也许坊间的通俗爱情小说，有较良好回应。

——我这样说，犯了基本错误。公共图书馆的公物，任何一本，均不应"破坏"。公厕的门墙，也属大众，怎能随便发泄？

但穷困的青春，苦闷的青春，不甘寂寞的青春，总是放任的。

虽然她／他们也看书。爱书的人，不太坏。但我们不想借到一本"花花绿绿"的书啊。

水龙头是否开着？

有一回朋友随便聊到一个有趣的问题：

"你每天早上刷牙，把牙刷洗净然后挤牙膏的过程中，水龙头是否开着？——有没有想过这是最无谓的浪费？"

有人这才想起，对，自己一直让水溜走，太不环保。有人根本答不出，说要回去做一遍，下次相告。有人不太关心。水龙头是否开着，同生命有甚么牵连？

我的习惯是停了水龙头。不算甚么"环保"意识那么严重，只是不喜欢水白白流去，还有，我挺讨厌半死不活的，滴滴答答的水声。欠公德的人总是开了水龙头，任由食水浪费便离去，见了你会顺手代关牢吗？——我觉得电子感应的开关掣最好了，文明又无后顾之忧。

说到环保和不作无谓浪费，其实我们浴室中很多东西都是"多余"的。

最近用一款日本绿茶厕纸，它芳香柔韧，擦手同纸巾差不多，但旁边仍然有好一点的纸巾，方便抽取即用。且忘了毛巾。

还有洗手液，难道挤点沐浴露洗手不可以吗？但又多了好几个瓶子。而洗面用的是另一些。

润肤、润面之余，双手同时滋润了，那么润手霜是否多此一举？特地买一瓶润足的？实在太过"造作"了。当然，这叫做提高生活质素。

你们呢？数下去还有吧……

失去女人得到诗

徐志摩"得不到"的女人，是才貌双全的林徽音——不管他的情欲纠缠多么激荡，最后，他是为了赶赴她在北京一个演讲，而死于空难（一九三一）。

徐志摩诗人生涯，是婚后（二十四五岁），在英国、康桥，邂逅了十六岁的清丽女学生林徽音，才告"正式开始"。沉溺追求可望不可即的情缘，人特别的善感、卑微、伤痛、患得患失……才特别有诗意吧。

不过林理智地选择了梁启超之子，建筑家梁思成。林也是学美术和建筑的，二人走遍大江南北考察测绘，为中国的古建筑艺术贡献所长——但她心中仍是有徐的一席位。

看她儿子梁从诫编选的《林徽音文集》。儿子写母亲，当然保留、保守，也保护——太过工整，却是美丽而尊严的回忆。图片极动人，林气质不凡，端秀含蓄，完全担得起"才女"之名。学贯中西的新派人物，一袭袭雍容长大衣，今天看来仍是一流时装呢。

林死得好——因为死得早（一九五五）。不必如丈夫般顶着"反动学术权威"大帽子屈辱而亡。

但徐死得更好，更早——才三十六岁，风华正茂，又奔赴相思之约。是上天赐予的浪漫。他终于得到她一首悼诗了：

"……那一天你要看到凌乱的花影，

那便是我私闯入当年的边境！"

林徽音变了林徽因

上篇《失去女人得到诗》写过"中国第一才女"林徽音（一九〇四——一九五五），其实不是专业人，也不算专业文学家——八宝山墓碑石刻花圈图案上方，刻着"建筑师林徽音之墓"（她曾参与设计天安门广场的人民英雄纪念碑）。追悼会上，两个几十年的挚友，联名写了一副挽联：

"一身诗意千寻瀑，

万古人间四月天。"

《人间四月天》名字，被风靡台湾、北京、上海……的一个二十集连续剧引用了——究竟"四月天"的赞颂，是为得不到她的男人徐志摩亡魂所写，抑或为儿子出生的喜悦而作？只有她自己明白。

我们又怎可能查证呢？

有人问：

"是林徽音吗？怎么我见过有些书写林徽因？"

文集是她儿子梁从诫编选，当知是"音"而不是"因"。

又有人问：

"后来改名，会不会因知'音'已逝的缘故？"

不。没那么浪漫诗意。这个倒可以查证：——"徽音"典出《诗经·大雅》，她发表诗文一直署原名。直到一九三五年，因为总是被人和一个毫不相干的男作家林薇音搞混，才在一气之下改名同音的"徽因"。

由此可见她的介意和骄傲了。

堕落巨人裤

曾流行一种超级 over size 的牛仔裤。我们跟在一个男孩后面，他的裤子松松垮垮，低腰得已经见到内裤边了。走着走着，巨人裤变了堕落裤，内裤愈露愈多，岌岌可危。

半褪的牛仔裤，又重又颓废，随时甩脱，摇身变为绊马索似的。担心他会被绊倒，便全盘败露，力挽无从。

——但又很奇怪，硬是有根骨头把裤头给险险承托住，令裤子恰好遮住四分之三个臀部。人体的构造多微妙：护主情深。

除了男孩，连女孩也爱穿这"笨笨"的裤，并且"一不小心"又下滑了一寸……是性感吗？

美感见仁见智，但肯定无安全感。

一回在地铁上，还见两个时代少年在嬉玩，绕柱在车厢追逐，都是堕落巨人裤一族，动作大了，两个人便公开表演甩裤，其中一位，原来穿了衬色的红蓝双色格子内裤。二人若无其事，把牛仔裤往上拉扯一下——又算穿好了。

如此"险象环生"的衣物，你我都穿不起。

是谁带领这时装热潮？大概是商人吧。

举世都在排毒减肥瘦身，那批大号的裤子卖不去，便以 over size 做包装，兼营绝对可以曝光的内裤，才叫做"配套"。

李斯的月夜和雨夜

二十六岁的李斯，是楚国一个看守粮仓的小文书。粮囤附近有草苫围住的粪坑。李斯如厕时，见到枯瘦瑟缩又沾了粪的小耗子。他想："人生如鼠啊，不在仓就在厕。"不禁长叹："一辈子有无出息，全看为自己找一个什么位置。"

在一个月夜，他想，该换一种活法了。

清早，他匆匆离开家乡、亲人、没前景的把老鼠腰斩的守仓员职位……这一走，终其一生没有再回来。他高升了。

很多很多年之后，他像当日杀鼠一样，被判五刑加腰斩：——劓鼻、割舌、剁肢、笞杀同时执行之际便腰斩，最后慢慢碎尸。一家老小、三族亲戚、宾客门生……不分男女一律斩首。七八个刽子手斧起刀落，也一直忙到傍晚，雨夜。雨整整下了一个月。

——以上是钱宁近作《秦相李斯》生死兴衰的始末。

在《辞典》中，再惨烈不过占了几句："秦朝丞相，定郡县制，开中国地方制度新局面。为赵高诬陷谋反，腰斩于咸阳。"而腰斩，在《中国古代酷刑》中，也不过其中一项而已。

每一个人，当要过另一种生活时，必然也有另一种结局在等他。这是货仓管理员当初上厕所时料不到的。而斩杀他的指鹿为马的宦官赵高，亦逃不了"夷三族"的下场。

历史，便是这样了。

永垂不朽的眉

奇怪，现在还有女人去文眉和绣眉吗？

我以为十年前才会流行呢——而十年后，她们通通都后悔了。

男人帮女人画眉是调情，女人自己画眉是美容，但好处是，画得不好，擦掉再画，只会愈来愈美。

文眉？一锤定音，一箭定江山，乃终生烙印。即使今天纹得还不错，但明天、明年、一生，全天候都是这个样儿，变不了。手势再好，也平板呆滞，了无生气。

你看那些成群到深圳罗湖商业城或东门市场 shopping 的肥师奶，十个有三个是文眉的，物以类聚，文过的眉：——（一）呆、（二）假、（三）凶、（四）淡。

像 些标签。用粗粗的指头"按捺"上去一样。

日子久了，均变成褐色，不化妆，仍剩两道眉永垂不朽。整张脸好生硬。眉毛剃掉再逐针着色，意义等于面具吧，呼吸都有困难。

若自己也看不顺眼了，后悔了，好麻烦，要"洗"。

在相同的地方再下针，以药水漂淡，用激光消除，不能一次成功。据说，有些还要做上一两年，才勉强把"凶眉"略为改善。

染发会变猪头，文眉会变炭头，脂粉浓艳又生黑头——女人好"色"变"色"，不免付出代价。却前仆后继。

"鱼"和"福伯"

周刊专访市政执尸队生涯。他们是厌恶性行业。天天惯见腐肉、蛆虫、断肢、脑浆……烧焦的尸体、发胀蜕皮的尸体、忽然掉下一只手的尸体……虽然惯见，依然觉得恶心。

其实尸油滑不溜手，尸臭更加如魔如魇，长期不去。有记者朋友到过腐尸现场采访，又黑又臭又恐怖，以后，那种奇特的味道无论如何冲洗"似乎"还在，尤其流连在发间。后来他索性把头发剃掉——如果采访的不幸是女记者，可能世上多了一名艳尼。

队目阿梁说，跟垃圾车比执尸更难受。我不信。两者都臭，但前者阳后者阴，多一重心理障碍。正因常人不会入这行，我们应该尊敬天天执尸者的牺牲。

行内称尸体做"鱼"，称值勤处做"五〇一室"，那是忌讳。

想起他们的下一站：殓房。

一回听说，殓房职工位位都外号"福伯"。即使阿叔，亦"福伯"（这里当动词用）之。

为甚么人人都"福"？或许也是忌讳，或者是冲喜。既然棺木衣物都是"寿"，为死人服务者当然得"福"。

其实从前倒真的有位阿福，胆大淡定，若警察怕入殓房为尸体打指模及检查、认领……例行手续，便给福伯一点零钱托他代劳。并福伯前福伯后，嘴甜以示尊贤敬老。流传下来，成为代号。

由人而鱼而福伯，便是整个生命历程。

请人教你签名？

内地畅销的报章，小广告很多，密密麻麻的，没有甚么美感，胜在分门别类而已。

最多的是电脑、网站。其他有二手车、装饰公司、外语培训、旅行社、美食、娱乐中心、房子、医药……也有隆胸——任何地方都有隆胸广告，这真是女子千古烦恼！

但我发现了一项新兴"事业"，是"签名设计"。这些小公司（应该不算大机构吧），都唤"艺术签名设计有限公司"，打正招牌做一种生意：教人签名。

还有范例。诸如：

（一）明快华丽，韵律感强型

（二）豪放大气，如诗如画型

（三）巧妙连接，自然流畅型

（四）一笔签

（五）……

看那些签名式，匠气甚重，亦甚造作——为什么一个人签自己的名字也要设计？要付钞请人教你？签得像明星，但"模仿"之余，还算不算自己的记认？

一个人的签名式，除了代表自己之外，也可看出很多东西：性格、学养、行气、字体、命运……总之"个人风格"，无可替代。再不好看，也很私有。文盲也会签名。

连怎样签名也没有自信，如何行走江湖？奇怪，谁会光顾？

的士司机的三天

如果你坐的士，又遇上一个"肯说话"的司机（几乎没有哪位"不肯说话"），只消你问他："最近三天发生什么有趣的事？"

他一定滔滔不绝地告诉"无知"而"好奇"的你，而且几乎位位都没冷场。有的说，前晚载一艳女，她扮醉，一下车就跌跌撞撞，不付车资，还躺在地上。

有的说，他载过城中名人 XX，原来与 YY 有一手，地下情是"坚料"。

有的说，昨日凌晨三时，一双中学生似的小情人，在后座搞得一塌糊涂。他以"家长"姿态责问，男的还没作声，女的竟用粗口骂他。

今天这位，说有三个男人上车，都坐后座。两名大汉夹着一头丧家之犬似的输了钱的赌仔，一望而知是大耳窿。

三人不怕挤迫汗臭，三文治一样。赌仔毫无自尊地央求不要到他家，上门也无钱还。两汉着司机驶至石矿场，不准报警，可旁观热闹。赌仔被拖下车毒打一顿。他不敢还手，司机不敢妄动。末了"软绵绵"被拖上车，驶至乐富，ATM 机上提款，迫签欠单，再掌掴侮辱推走。然后大耳窿商议吃大闸蟹，的士又驶至尖沙咀。结果司机得了不菲小费。他说这钱根本不想赚。

的士司机，也是听尽后座传来世间男女肉麻的甜言蜜语，以及反面无情诅咒的局外人。

我常常访问司机。

"同情"一次起两次止

一个人失意，有时是运气不好，但很多时是不自重，不自爱。

别人给你机会，扶你一把，也得靠自己勉力翻身。同情是有限量的，一次起两次止。谁也不欠谁，谁也不能倚仗同情心、同情分维生。

如果你失业，得到一份工又不好好把握，迟到早退还偷懒；如果你失恋，遇上一个对你不错的人，却又天天跟旧爱比较，不懂得珍惜；如果你考试不及格，又得补考，还预知范围，仍不温习；如果你曾跌至谷底，重上舞台时又甩嘴、甩底、失场、闹情绪、游魂……

还有没有"下次"？你说呢？

——人总得自己争气，怎能靠"人工呼吸"来过日了？这些人若消沉下去，只是活该。

时间又过去了。

每位美国总统任期届满，也舍不得离开白宫，这首歌触动愁思："当你找到自己想做的事，时间却永远不够。"

所以只能用尽每一天每一刻，去"感受"你的位子。连勤奋的总统也不能长领风骚。

每人都有一个位子？不，其实是位子太少，争坐的人太多。一旦有得坐，便坐好它，坐暖它，然后离座。如此而已。

不争气的人，音乐一停，别人占了位子。他颓然跌在地上。

如何把头斩下来？

所有自杀方式中，我觉得自刎和斩头是很难下手的。最近总在报上看到女人以此轻生。令人同情。

一名九旬老妇，疑因不堪家人企图争夺楼宇业权，迫她签卖，便写好遗书，缝在内衣底部，换上整齐衣服，躺床上用八寸长生果刀自刎。喉洞冒血而死。

一名新移民因丈夫受伤入院，要独力照顾三个在学的儿女，生活压力太大，情绪激动，手持一柄菜刀，向颈部斩去。

在粤语陈片中，男女主角若是大红大紫，必然担演过无数刑场候斩把心声大唱特唱的戏——末了他们一定吉人天相。刽子手胸口长满黑毛，手持大刀，凶神恶煞，永远无用武之地。但中国杀头文化，显示大权在握者之威力。日本武士切腹，充满浪漫英雄感，却无法自斩，总是切到腹破肠流，腥甜垂死，身后白衣介错人助他一臂之力代斩首。

用原始方式自杀的女人，十分勇猛。但亦是艰辛的。必得以平日较灵活使用的右手把刀牢牢拿好，向右耳侧下大动脉"劈"下去，通常不会一下奏效。

妇道人家力气有限，皮肤老了起皱褶，即使斩、刺、拖、扯，来来回回，也未必能割断血管。北方人称"抹脖子"，需快刀利刃巧手，一抹即成。

自斩亦可以"借力"，农民常用的镰刀，有半月形口子，把头在内弯安放好了，只消用力向下狠狠一挫，首级应声滚下，措手不及，致命程度亦高。

为一本书坐牢?

我还是第一次听到，向图书馆借书迟还会遭票控入狱——虽只入狱一天，但坐这种牢?是不是好过分?

美国佛罗里达州一间公共图书馆在一周之内，严惩两名失魂鱼。

一名十九岁男子，欠下价值八十美元的书籍未还。一名二十四岁孕妇（七个月身孕），拖欠图书十六个月，又搬了家，没理会一百三十美元的欠书追讨通知，缺席法庭审讯，终于被警方拘捕，二人齐齐入狱。

幸好不是在香港。

本城图书馆的借还方式，其实十分方便。除了亲身办理，还可使用电话及网上续借服务，亦不必到借书的那间还，任何一间都有分送的处理。

每本图书限定不可连续续借超过五次。若有人预约，也得还，否则失效不能再借书，根本没有机会"霸占"十六个月。除非你很卑鄙地偷窃或报失，付出代价——但，还没有太值得的书吧?我常到的几间，图书故旧，都不够 update，市面上一些新书和好书都欠奉。还是要买。

中央图书馆的阵势如何?

如果在图书馆"遇见"一本书，是百分之百爱书，因种种原因，你很想但无法拥有它。你会为它犯点小罪吗?坐一天的牢?留案底?……我实在希望知道，那是一本什么书?

如果是人，则有缘无分。留不住。

"剥衣鬼"传说

人们穿一身红衣自杀，据说是心中有积怨遗恨，有仇待报，希望死后化为厉鬼找对方算账。所以见港闻版上时有自寻短见的红衣人，其实不是"短见"，而是"长远"计划。

但这种纠缠也很费劲。一般死者入土为安，寿衣都是黑、白、灰，不会用红。低调、灰飞烟灭、一切告一段落也罢。丧事（即使是笑丧），并非值得欣喜之事。

有一回，我看中国南方农村习俗，原来民间为死者做寿衣，是用鲜红色的——他们奇怪的迷信，是世上有"剥衣鬼"，强行把亡魂的衣物剥去，若见到红色，以为已有行家动手，剥衣剥出血肉淋漓了，自己没啥油水可捞，便另寻目标。见黑衣，非剥至皮开肉烂不可。

穿红衣下葬，无非为保皮肉，得个全尸，生死双方心安。人们以为鬼那么笨，略施小计瞒天过海，它便被一件外衣骗倒了？他们又为什么"创作"剥衣鬼之类传说来吓自己、骗大众？

鬼也有多种，有些去得衣不蔽体，所以亟求一件衣服，不致羞赧。但也有乐于三点毕露的写真鬼，她们根本不需要外衣。见血肉，还引为同道，结为姊妹一起拍三级鬼片。而且，万一亡魂碰到变态鬼、SM鬼、嗜血狂魔，必更兴奋，绝不放过，便等于自任催情剂——这点，当年纯朴的农民倒是想象不来的。

谁需要同情?

若干年前，男人因绝症去世，他的女人撕心裂肺，死命抓住遗体不放，大哭：

"剩下我一个如何活得下去？"

孤傲的鸟，单飞的蝶，大家都怕她自杀，担心不已——若干年后，她已遇上另一个男人，再婚，非常甜蜜，如胶似漆。

又一个女人，被相爱了十年的男人抛弃，她觉得灰心绝望：

"我再也不能爱上另一人，如爱他一样。"

钻进了牛角尖死胡同。再也不能？——今天，她终于"逃出生天"了。

所谓"永恒"，只是在遇到更好的之前，人类所误信的东西。

A 与 B 热恋，还承诺照顾她一生一世。后来调到 C，经过衡量取舍，与 B 分手。爱情只有选择，没有对错。A 怕伤害了 B，不想公开承认 C，在两女之间拖泥带水。多年感情，基于道义也好，出自怜悯也好，总不忍"落井下石"。

谁知，B 比 A 更快公开了 D。她与更青春更体贴的 D，旁若无人地亲热……A 大可放心另结新欢。

是的，谁需要谁的同情？复原得靠自己。

人的身体本能是趋生避死。人的心，也潜伏积极向上和令自己欢快的力量，你死了，你跑了，你变了——但，我为甚么要永远不开心？

长夜泣血？最后把眼泪擦干，拍拍灰尘上路。淌血的伤口自力凝结，岁月是它的血小板。新的结缔组织不痛了，只是痒。

那时，比任何人忘记得起。

男人对谁温柔

男人温柔的对象从来就不是他的女人。

如果他从事服务行业，便总是对他的客户温柔，纵不低声下气，亦尽量放轻语调，善于倾听。如果他是一个导演，对菲林的柔情爱抚远远超过他的妻子或女友，一格一格的剪，剪完看了又看，即使是片中主角（甚至配角），循循善诱，目的只为"完成"，否则会耗费大量人力物力和时间，斯时，他的态度是温柔奏效过暴怒。如果在街边卖牛杂鱼蛋或猪肠粉，他也不会对这锅沸腾中的物品发脾气，路过的女客若还算顺眼，嗲他一下，说不定他下剪姿态变得优雅。

男人的电脑稍微不快，他马上细意照拂，非要找出忧郁的原因，还彻夜哄它。任何机器，中间容不下一颗微尘。只要音响器材沙哑、汽车咳嗽、摄影机视觉模糊，还有，他的模型某一关节酸疼，他必然以最快的速度，最细致的关怀，令这些死物"破涕为笑"——对他的女人，则不肯付出十分之一的温柔（再说，温和不等于温柔）。

拒绝玩物丧志的男人，只对他的事业百般爱护。

——他们明白，若事业有成，再不懂温柔亦无妨，但当他们伤心、烦躁、兴奋、失控、粗暴、沉默、气焰高涨、喜怒无常……之际，会换来女人对他们的温柔。

流鼻血的马

原来百分之八十的马匹都流过鼻血。

练马师说这只是平常事。只是程度不同而已。

谁都不知道马什么时候流鼻血，连马自己也不知道。而在赛事中，赢过终点才流，鞠躬尽瘁，发挥至大的利用价值，各界捏一把汗。中途流鼻血，骑师在阵上搏杀大概有所保留；马迷旁观，又欲哭无泪。没上场已流鼻血，不妨哪儿凉快哪儿去，再也不敢找你了。

有没有根本从未出赛就流鼻血的马?若是，它的竞赛生涯已被画上问号，或是句号，谁还冒这个险呢?

所以，最好把流鼻血的期限延长。它操练过量、心肺功能有损、微丝血管受压破裂、疲倦、策骑者力鞭……是的，皆有可能，无奈只有支撑到尽头。一切以后再说。

一匹马，它生下来唯一目的是"跑"，也是最大的能耐。不管在赛道上或草原上，下场也不外跑到老跑到死，除此它还有何生趣?难道养尊处优高床软枕吗?

一生都不曾流过鼻血的马，不代表它特别健康，它只是过分平安，平安又即是平凡。这样的马不算"马"，只是"动物"之一种。

即使惨烈，还是当一匹有机会流鼻血的马好。

吃胎盘的女人

女人告诉你她的皮肤之所以嫩滑，不是天生丽质，而是常炖新鲜的人胎盘作为养颜极品。不知她的男人有什么感觉？

我们也知道胎盘非常滋补。如果熟悉在医院妇产科工作的人，很容易弄来新鲜胎盘，有时还代炖好汤"关照"其亲友喝。有人问是否尝一口？听见也恶心。

中国人服用胎盘已有两千多年历史，但咱有个"掩耳盗铃"的方式，若胎盘经过处理，干制成块，改唤"紫河车"，对慢性疾病有疗效，亦可增加荷尔蒙分泌。这是动物胎盘抑人的胎盘，便没深究。

——当然是人的胎盘矜贵。

此物血淋淋，模糊混沌，它本身没有生命，但却与胎儿的小生命一度关系密切。胎儿诞生后，它仍是一团跳动过的组织呀。那告诉你她吃了胎盘的女人，嘴角似乎拖着一条隐形的血涎，然后她用舌头舔回嘴里去。

健康胎儿的胎盘较美味，不健康的煲汤味道很腥……云云。可见经验丰富。

如果一个男人得悉他吻着的女人是这食家，会不会有血腥感？当他与她翻云覆雨时，会不会联想到她体内有不止一个的胎盘？当她告诉他有孕了，他又会不会恐惧那些不忿的胎盘来整蛊她自己的胎盘？

——建议：即使已成专家，微笑不语较好。

只有过，没有功

　　没有人能与一间公司发生感情。回报率不是低，而是"负数"。

　　老牌艺员与公司倾谈续约并不愉快，一向演技精湛备受赞赏，也会收到一封信，被逼"放假"或提早"退休"。做了二十年，观众对她有情，但公司赚钱少了，便要求减 show 减薪，这不是慈善事业，理直气壮。

　　一个电影导演拍戏要求过高，但生意为重，交片时间不能再拖，公司决定不等，即换导演。

　　倚仗体能的行业，最大的敌人是岁月。岁月也同大机构一般无情。

　　天王或巨星并非不老，是努力拖延。去到任何地方，开工后坚持做运动，人人穿背心短裤，他是一袭从头包到落脚，密不透风，厚得像潜水衣的运动衫裤，跑步后拧出一大摊汗水——如果他不能保持巅峰状态，明天有人占位。

　　舞蹈团总监解释如何挑选首席舞蹈员？（一）百中挑一。（二）有星味。（三）有体力有技巧有经验。（四）年轻——四五十岁仍可跳，但舞蹈生命在二十至三十岁状态最佳。

　　这回因其他人水准平平而上位的，却非永远拥有，位置流动，若达不到要求，有人更突出，不退下来是罪过。

　　大机构，人与人之间，

　　只有过，

　　没有功。

看

　　一个小说提到："评定一个地方的生活质素，看人的牙齿就知道了。"笑起来一嘴白白大板牙，这个地方人民生活质素必高；牙齿灰黄，又獠又缺，恐怕就不怎么样了。

　　从小处看，我们也可以有所领悟：——

　　看一个国家的国民教育，要看她的公共厕所。

　　看男人的品味，要看他的袜子。

　　看女人是否养尊处优，要看她的手。

　　看一个人的血气，要看头发。

　　看一个人的心术，要看眼神。

　　看一个人的声价，要看他的对手。

　　看一个人的底牌，要看他身边好友。

　　看两个人的关系，要看发生意外伤病之际，对方的紧张度。

　　看三个人的关系，要看落魄时。

　　看四个人的关系，要看麻将台上战况牌品。

　　看骨气，要看命盘和如何转运。

　　看性格，要看字的直划。

　　看快乐，不要看笑容，要看清晨梦醒一刹的表情。

　　看名媛，要看会否贱卖名牌套现。

　　看胸襟，要看如何面对失败及被出卖。

　　看人的本质，要看暴发。

好男人像基围虾

米埔区基围虾大王，在公在私对研究虾类都很有心得。

他教大家怎样选择最好的虾。

我们为什么要相信他？因为他不但经验丰富，而且还"爱上"他的虾。给它们最好的照顾、勤于换上干净海水放去污水、抓走危险的大蟒蛇……既辛苦又不为赚大钱，那一定是感情吧。

所以他选虾的秘方不免也有感情因素。后来我便发觉，原来也可以供女性作为选男人的参考：——

（一）"不要以貌取虾"，以为清靓白净才是上品。因基围虾较深色，多呈墨绿或深啡。长得漂亮的只是海虾。海虾会含重金属，虾头亦有污染，所以以靓仔是次选。

（二）"不要贪大"。基围虾的成熟期为半年，最长也只有三寸左右，太大的是鱼目混珠。好男人踏实为上，炒作膨胀大欠内涵。

（三）"刺手者佳"。不介意冒点险以手一试，好虾身较圆壳较硬，虾头上还有非常锐利的上元齿，刺手。于是我们明白，失去锐气的虾不过是霉虾。

（四）"自己决定要雌抑或要雄"——这点则视各人性向而定了。你亲自试过，嗜男抑或嗜女，与人无尤。

因为他是男花旦

前曾在大阪看过一出舞台剧，是坂东玉三郎和宫泽里惠合演的。我们下午到剧院逛，刚巧遇上里惠进场准备。如今她已是妈妈级了。当年一身黑衣裙，很瘦，感情生活不惬意，淌于半脸的一颗泪痣特别瞩目。

《天守物语》由松竹拍成电影，她与玉三郎于东京银座的剧院登台宣传，与观众见面。

突然，一位二十多岁的男影迷，冲破记者及警卫防线，向她献花、握手——之后，紧执里惠双手不放，意图用力扯她下台。席上九百观众，见状惊呼："危险！"

她身旁的男主角，木然呆立，全无反应。

结果警卫把热情鲁男拉开。脸色苍白的里惠，二十二岁跑江湖女子，装作若无其事继续宣传。

——最可恨是什么呢？一旦危难发生，你身旁的人护花乏力，因为他是一个"男花旦"！他比你更害怕，更手足无措，说不定还娇呼急躲。最后你回头去安慰他："没事了，你出来吧。"

悔婚的相扑手、巴辣专制的星妈、负情的歌舞伎有妇之夫、采花的娱乐圈老手……再遇人不淑，再不甘约束，遇袭之际，上述各人好歹也会踏前一步挡一挡吧？

承平盛世，才需要"男花旦"点缀。

鸡舌香五斤

看野史，三国时期，魏、蜀虽互为敌国，但君臣之前，仍互有礼物相赠，书信往还。尤其是曹操，他残暴多疑，此一号人物，却极善招揽人才为己服务，求贤的手段亦相当高明。

据说曾致诸葛亮一手书，并奉鸡舌香五斤，以表微意，云云。

曹操究竟有没有送礼给诸葛亮？这是史学家的功课。因为好些故事都是半真半假，后人半信半疑。哪有工夫深究？还不听了算数？

不过，"鸡舌香"是甚么东西？

原来此乃一种名贵的香料。

从前朝廷重臣，皇帝周围的幕僚，经常面圣议事，一去整天，为免唇干舌燥，也要呵气如兰，会含着鸡舌香来启奏发言。

由此可见，鸡舌香乃古代口香糖。看来千多年前，中国颇重口腔卫生之道。

上级送下属（或挖角、猎头对象）鸡舌香，当然不是指他有口气，而是用心良苦的暗示：他对他另眼相看，另耳相听，此乃可"直接沟通"的一服药。足足五斤？非常看得起，长期备用，不虞挖将过来，投闲置散——当然，要一个人时，什么做不出？日后假借一个梦把他给干掉，谁都无法预料。

不管曹操有没有出手，我们情愿相信或有这样的姿态。董卓再努力，他没这气度，因为他不是"人物"。

"没齿"难忘

在濠江富甲一方的赌王何鸿燊，微时也有辛酸往事。

父执长辈在股市中失手，不惜举债误买怡和股票。一夜之间破产。父亲逃离香港，去越南谋生，留下他与母、姊相依为命。家境一度非常穷困，遭人白眼。

他有蛀牙，找牙医亲戚补牙，亲戚知道他没有钱，为免日后再上门叨扰，便把他的牙拔掉算了，赌王"没齿难忘"。

长贫当然难顾，亲戚一劳永逸，再无后遗症。可见理智而狠心。

——每个人要感谢激励过自己的势利亲友。

在你失意的时候还踹上一脚，这不容易，并非很多人办得到。既做到这地步了，可能是你一生中最重要的人。只有把你往深坑里推，你才拼尽全身力气反弹，才置诸死地而后生，否则哪有今天？弄不好最大收获只是一只补好的牙而已。

——所有成功的人士的背后，必有一位至数位此类型的"恩人"。

当然，失败人士的背后或许更多。严格而言双方互为因果。

总是中了状元的人方有追溯权发言权，

落第者，什么也不用说了。

小巷的血红法拉利

晚上十一点十五分，走过中环一家戏院外的小巷，见到一辆法拉利。

血红法拉利。

在闹市的静夜，它胡乱地停泊在一边，完全不当一回事。已打烊的时装店门外，有夜游人走过，人人都看到，但人人也不当一回事，它那么瞩目，自然有识货者，"呀！"一声，笑语同伴，又嘻哈远去。

再没有初进大观园的刘姥姥了。

财富、名牌、艳车，都找不到大惊小怪的对象，它的璀璨高傲，不是不寂寞的。

记得有艺人，近日演出机会增多，知名度提高了，他很开心很光荣，谁找他签相都欣然，还写上其他字句。他道："从前有人要求签相，只用原子笔，现在买了一枝贵价的签名笔了。"

每个初冒出头来的艺人都有一点点"暴发"的喜悦，非常High，签名笔，是带着金粉的。

这种喜悦天真可爱。

那车主，当初一定对它爱不释手身不离座，人车的呼吸浑成一体。它线条浑圆，暗藏棱锋，体态优美，充满质感。碳纤维的车身，合金钢的轮子⋯⋯一看，已是近十年前出的车。

只有习惯了，才不当一回事。

但最初的喜悦，却再无觅处。

没有爱情的白毛女

经典样板芭蕾舞剧"白毛女"首演于一九六五年。自问世之日起，相继公演超过数千场了。来港演出也有多回，作品老，但演员几乎全新，很年轻的嫩鸟儿。

这些新秀当然没怎么经历"文革"，何来苦大仇深？向阶级敌人恶霸地主的咬牙切齿徒具"表情"。最有趣的，女主角喜儿，由黑毛女，到灰毛女，到白毛女，岁月不留痕，假发甚至还泛着浅黄，在灯光下，她简直是最时髦的"金毛女"了。

既然"白毛女"年轻化，又怎会没有爱情戏？

作为农民女儿的喜儿，青春活泼，又知足常乐，二尺红头绳已叫她开心半晚。与大春青梅竹马，老父被地主打死，孑然一身的弱女，难道对他没有一丝托付之念？照理应跟他私奔。

如同大都会女强人，"逼上梁山"。喜儿逃出地主父子性骚扰的魔掌，躲入深山，与风刀霜剑拼搏，还把野兽打跑，历尽沧桑，一头白发，方独立求存。此时重遇当年心仪的大春哥，他已是八路军头目，事业有成，白毛女也有软弱感性一刻，相见涕泪涟涟，投进他的怀抱……

可惜，样板戏一向无情。

即使白毛已成金毛，男男女女，统统是亲人、乡亲、战友、阶级兄弟。都唤大哥、大叔、二婶。

仍天天拿缨枪大刀习军训，非常孤寡苦闷。

江湖跑老,胆子跑小

浪子、才子、江湖小子……之所以鹤立鸡群,因为年轻,他们是"子",而不是"佬"——绝对有年龄限制。

"子"名正言顺。人们所见到的风流、才气、情怀、剽悍,来自天然,不经修炼。若已一把年纪,不但应有一切火候,还得有成就,否则日子活到狗身上去了。

少年子弟江湖老。

从前他们坐言起行,两肋插刀,什么都没问题,一切包在我身上,不要怕,有我!怒从心上起恶向胆边生,白刀子进红刀子出,不知多么痛快。

日子过去了。

同一个男人,眼光远了,胸怀却窄了。他们不肯也不想随便出头,总衡量一下,是否犯得着?划得来?承担得起?

他们年事已高,清楚知道世界上有些人若得罪了可是吃不了兜着走。当时年少春衫薄,才因无知逞英雄,为博红颜一笑,付出代价太大。

现今已有家小,亦为前途着想,给晚境作打算,怕失业,无论发生任何事,也不可能是一个人的事。威猛的英雄,你倾慕过,尊崇过的男人,他皮笑肉不笑。记得那时明明是一株乔木,不是你长高了,而是他矮了一截,末了竟成为一丛畏首畏尾的灌木。雨打风吹去。

忽然想起一句话:

"江湖跑老,胆子跑小。"

唔发火做病猫

　　一个不肯病，或病了也不肯让人知让人来安慰的女人，是永远也成不了依人小鸟的。

　　聪明的女人晓得在适当的时候病一场——适当的时候是：你希望有一个探望你的人而他又会来。

　　谁说"挟病自重"、"挟软弱以令诸侯"容易?若计算失误，不免白病一场，兼且因希望落空而更加凄凉寂寞，弄不好，假病变真病，小病变重病，重病变垂危——但定会好过来，为下一场病作准备。且这样下去，不划算，工作还没好好完成呢。

　　女人病一病，说不定终于病至结婚了。心理上是年纪大了，念到"洗净铅华"；生理上是一场大病，跟死神搏斗，方悟做人何必太执著?要"化"一点。且在病榻上，不事修饰，样子难看，身心虚弱，极易受感动，男人既不介意亦不嫌弃，可见是真心关顾，还不快快答应?

　　从前不是不病，或者病时要求仍然高，神志清醒。

　　若 Timing 好，双方皆大欢喜，值得祝福。

　　忘记在哪里看过一个心理测验，有四幅猫儿的图画，测试其人对恋爱的取向：一幅猫儿刚睡醒、一幅侧身媚视、一幅好梦正浓、一幅舔着指爪。沉沉入梦的猫儿，不设防、不假装、身心松弛。——所以"唔发火做病猫"，是一种福分。

不洗手的男人

多年前新加坡政府立例向上厕所后不冲厕人士罚款，他们终于肯冲厕了，但却不肯洗手——真教父母官疲于奔命。

一家卫生及清洁用品公司进行调查，发现被访者中，四成人承认如厕后不洗手，因公厕往往没有肥皂。一些一边自厕所步出一边把双手往裤上擦的男人，当然令人觉得恶心，但对洗手抱怀疑及抗拒态度者，不乏年轻大学生，他道：

"整天想着要洗手，太没男子气概了。"

真是啼笑皆非。

"男子气概"大减价至"不洗手"便成。

看来这家公司对他日的生意额并不乐观吧？

其实一切良好习惯及公德，自"家教"开始。

富裕的国家藉物资亦培养出整洁卫生的风气。像日本，地铁站、地下街道、公众场所的公厕都很干净，也有厕纸机之设——而且，在日本是毋须掏腰包买纸巾的，因在街头到处有免费纸巾派送，都是银行、保险公司、化妆品……甚至色情场所的宣传品，包装精美，一天可随便拿到若干包。

中国那么穷，冲厕及洗手的设施不多，欲洁无从。但新加坡经济起飞呀，严刑峻法，难道男人不洗手是一种小小的"反叛"？

敌不过"血缘"

爱上一个以你为代替品的人，或收养人家的孩子，都是"冤枉相思"。

一名疑被母亲虐待至满身伤瘀，并弃于楼梯间的三岁男童，接受深切治疗及心理辅导后，已经康复，不再惊恐，渐转活泼合群，要人陪他玩，也爱人抱——但母亲至今仍未来看过他一眼。

连照顾他整月的护士也因他快将出院而舍不得："如果有地址，我会去探他。"

此类小孩都被安排入住合资格的寄养家庭。

抚育人家的孩子，一定因本身非常喜爱，但总觉这是不能问收获的耕耘，纵然寄养过程中，欢快和睦，那不负责任的母亲，完全有权领回儿子自行照顾。只要她良心发现，环境好转，她就可以这样做。无条件付出的夫妇是敌不过"血缘"的。而且人与人之间，相处久了，不免互生感情，养父母的依依不舍，必然超过相对才一个月的护士。

很多个案却是在养父母照拂下衣食无忧地成长的孩子，到了某一天，内在驱使他远涉重洋回到故里，千方百计非要寻回生父母。他忘记了自己是多么的不堪，才沦落到让人收留。子不嫌母丑，天下无不是之双亲。

寄养家庭作为受虐小孩人生的"过客"，他们很伟大，但得有心理准备。用情太深，自己痛苦。

同样，有些情场败将也目送爱人投奔久别重逢的"初恋"。

竹　盐

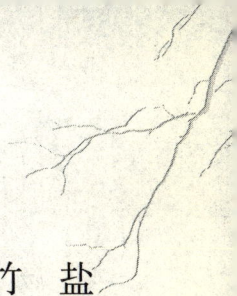

　　韩国美食小摊子上介绍"竹盐"：呈结晶状的青黑色盐块，经加工后颜色稍白，"其貌不扬"。

　　其实"竹"和"盐"存于两个世界，之所以走到一块，是人为的结合。

　　盐可以来自多个地方，有海盐、岩盐、井监……竹是林木，互不相识。据说很久以前，日本和韩国的僧侣发明了竹盐制法，此乃古方。

　　韩人把西海湾晒制的湾盐放进三至五龄巨大青竹筒内，再用黄土填封。然后以松树及松脂生火，烧至一千至千五度高温，让竹和盐熔合，烧好后冷却、捣碎，再放竹筒内……

　　九烧九炼，吸尽青竹树脂，矿物结晶。

　　过程毫无选择余地，风马牛不相及的二者，被迫衍生感情，还融作一体，你中有我，我中有你，再也无法分开——还比自由结合恒久？看来竹盐也是"盲婚"拥护者了。

　　（咦？如此强横之交媾，竟由和尚执行？）

　　说古方炼制，毕竟还是城中新鲜货色。竹盐可饮用、养生、治疗、刷牙、烹调、做泡菜、洗澡、健发、解醉、纾解痛楚……云云？暂时未知功效。

　　——我只是喜欢青色，喜欢竹树，且盐是民生必需，特别那"九烧九炼"，吸引我实在的访问一下。

机 场 物 语

有些人在机场特别坚强，因为他会留待上机之后方才肝肠寸断。有些人比较窝囊，还没抵达，已遭离情别绪折腾得不似人形。机场每是结束，多过开始。

不过对经常出门，已对飞行厌恶的人而言，机场只是"站头"。

任何一个中国内地机场候飞过程都沉闷。它们很"混浊"，且我永远喝不到一杯好茶。到过太多大小城市，告诉你，直到今天我还无法即时写出（及念出）"盥"洗室的正字。

台北机场保守而木独。新加坡樟宜机场令人眼前一亮，因它宏大、干净、舒适，而且餐厅水准不错，其服务和管理当然一丝不苟，但没有性格，就如一个缩型的新加坡。

印象中欧洲的机场常有很多年轻浪人到处睡。开罗机场却总有趾高气扬的猫走过，因为埃及人三千年来奉猫为神明。最恐慌在热闹罪恶的纽约，我跑错了另一个机场。六神无主。

全球最贵的大阪关西机场现代化而壮观，但冰冷无情，它是一个年年下沉数寸的人工填海的岛，夜机起航，回望小岛遍地是蓝、绿的指示灯——最妖异是这一瞬。

香港赤腊角机场，遥远又空洞，先进却隔膜。我们爱它，只是一份"回家了"的感觉。

"选择性"毁容?

某些电影的毁容造型,因男主角是俊俏偶像,大概导演和美指舍不得把他毁了,所以纵使半边脸遭"破坏",但剪影及眼神美艳如昔。若不细看,或稍稍遮掩,我们根本不发觉凶手当日泼向他的是腐蚀性液体,那场大火也无甚杀伤力,因主角是"选择性"地毁容。

记得粤语陈片中的男女主角也是永远不会伤及要害的。

演陈宝珠男友的吕奇,被歹人围殴、撞车、堕崖……末了他躺在医院中,只是额角贴了一块纱布,双目含情,不虞视线受阻。顶多其中一条腿打了石膏而已。

但我们都见过很多残酷的真相呀。

被火烧伤的小童,一张脸是几乎"融掉"的,血肉混成一堆,五官也扭曲,手脚如鸡爪般,甚至难以活动。这些图片令人"不忍",只有官方才以为"不雅"。

高处坠下的伤亡,就更为曲折离奇。有少女跳楼,身体前半平平整整地压向地面,全部压得扁了,再无起伏与轮廓。

某天,吾友路过上环,忽有女子在她附近跳楼着地,面目全非,脑浆四溅。后来,警员及救护人员到场清理,一人持着铲和兜,把地上的脑浆舀起……

她从此,永远,甚至他生,都不吃豆腐花。

我 愿 意

一双雌雄劫匪行劫时遗下钱包于事主所携的胶袋内，警方根据里面信用卡资料，拘捕二人。男被告由于"证据不足"而释放，女被告虽受唆摆犯案，但那钱包是她"失魂"遗漏的，故被判入狱三年。

两名被告是同居情侣关系。二人被捕后一直分开羁留，只有在带上法庭审讯时，庭内的犯人栏顿成他俩唯一聚首的地方，二人十分珍惜和"享受"该刻遥望。甚至希望此案的审讯能无了期继续下去，云云。

她没有恼恨他不务正业？害她误入歧途？甘于以身顶罪？最舍不得竟是暂别爱郎服刑去了？

软弱的女人，唯在情场上是强硬的，嘴硬心硬，不惜饮鸩止渴。

难怪有女人道：

"他对我而言犹如空气般重要，地球受到污染，但即使再受污染，也必须呼吸的。"

也有女人形容男人：

"此生所见最性感，我为他沉迷，他是我的毒药！"

女人爱一个男人，他是粪便，她豁出去做蛆虫，无怨无悔地依附着，生存着。怎么敢嫌弃？蛆虫脱离了粪便就是末日。

男人耳语："我是你的卫生棉条——因为卫生巾的关系不够密切。"换了任何一个异性，简直是猥琐、下流、变态、贱格，完全可以性骚扰入罪。女人受落了只因爱他，如此而已。

男人和女人的乳房

贵阳曾有巨乳少女，在医院接受手术，把七十六寸，四十多磅的乳房作大部分切割，终如释重负，再过新生活。

本城却有一名二十二岁男子，因巨乳而跳楼自杀。

他身材肥胖，胸部脂肪过多而隆起，情绪大受困扰，除了自己看不开外，同事和朋友的讥笑也令他精神出问题。他再怎么样，也不致"巨乳"成灾吧。有碍观瞻，亦没有日本国宝相扑手们的累累然难看，所以，这是"心"事，而不是胸事。

母亲把一个儿子抚养成长，因旁人笑他似女人，便送了一命，实在伤心。

讥笑都是利器，入耳之言，有力难拔。前一阵一个女人去隆胸，手术失败，弄出四个乳房，也是因丈夫曾对她身材冷嘲热讽所致。

英国一名十七岁少女，嫌自己的三十六 EE 尺码太性感了，太吸引注意，忍无可忍，做了两次缩胸手术，共割除两磅半组织，乳头丧失了知觉，也不可能哺乳。但她"好舒服"。

乳房的大小、高低、轻重、美丑，原来令男人和女人大受困惑。

——不过，乳房如财富，如果你有丰盛的，想减持，那是容易过基本上没什么，而奢望拥有多些。

向来，"放弃"亦容易过"攫取"。

用次货以"徇贼"

在中国内地，每三人就有一辆自行车，没有自行车，什么地方也不方便去。

大城市居民，深明其重要性，但据说，他们情愿用破旧的二手车，也不肯添置漂亮耐用贵价货。一项报道指出，在北京，十个人中有九个的自行车曾被偷。

有一倒霉男子，一月内就不见了三辆。停泊在楼下，一转眼已不见了。但不能缺之代步，只好马虎点。偷车的往往在街头即时平价卖给人，这种交易，有买的才有卖的。买的人明知是贼赃而故犯，许他也是失车苦主。

如果你付出不算多，代价不太大，便毋须珍惜，一旦失去，亦不心疼。但如此一来，永远也得不到最好的了。

失物的主人，当然知道恶性循环的下场是素质下降，自己也沦落了。在这样的社会，不能灭贼，只好"徇贼"，绝非个人的悲哀。

买翻版碟冒牌货是徇贼。老公包二奶自己唯有去勾二佬。情场上也是一样，既然不能要求永久保值，退而先满足一时半时，谁管明天？若人人都不要安全，人人得到的只是方便。左右一望，拥的都是次货，根本不怕被偷，谁要谁捎去！明天随手再弄一件。

因噎废食，吊盐水保命。有的人耸耸肩活下去；有的人，明白什么才算高档，亦享用过，不免非常痛苦。

奇特发烧友

一位得"最佳进步奖"的中三学生，考试成绩由全级第九十九名，跳升至第九名。他进步神速的原因是——

（一）老师循循善诱式激将法："你不好好读书，将来只能帮别人去买奶茶。"

（二）发烧。

我看，今时今日，（一）不算当头棒喝，毕竟这并非狗饭喂状元、马前覆水的年代。失业率高企，有份"帮人去买奶茶"的工作已高贵过做鸭。做贵价鸭又高贵过做平价鸭。无论如何，有鸭做，总好过要偷米——大伙怎敢轻视好好的一份工？所以，至奇特的应是发一场烧。

据这位学生哥说，他中二下学期，忽地连续发烧个多星期，本来贪玩、成绩差劲的他，竟对书本产生浓厚兴趣，顿时日最讨厌的温习，为一"好玩"的玩意。

转变一如"撞邪"。

如果邪得如此有成就，我们也想撞一撞。

我们也想发一场匪夷所思的烧，蓦地开窍，浑身充电，有一种莫名的原始推动力，克服一切困难，把从前见之皱眉的功课悉数做好。其间没有什么损失，付出代价只是"判若两人"。当然，想象力丰富的，会联想到碰到狐狸精、把灵魂卖给魔鬼、把人性借给狼……

不要紧，能在某一项目中沉迷且成功，就是"发烧友"，只觉好玩，不觉其苦，谁理会后果？

懂得吃应"人尽可夫"

对食物有要求的人高贵；但对食物不大计较的人比较豁达、可爱、快乐。

像猝逝的米高积臣，生前有名有利，身家不菲，却不大享受吃的情趣，甚至已厌倦，只有一些颜色夺目，及切成手指大小的食物，再配以卡通人物名字，才可吸引他。吃得如此麻烦，实在是人生最大的遗憾。

无论甚么也吃得津津有味，哈哈大笑，是一种福分。贵有贵吃，平有平吃，能屈能伸，哪有包袱？

有一回与朋友夜宵，座上有位要求特别高的人，她不吃椒盐豆腐，因为炸过会上火；不吃蒜茸蒸酿胜瓜，因为味重；不吃炒蚬，因为怕有沙；不吃卤蛋，因她规定每天只吃一只，以免胆固醇过高，而早餐时已吃了一只；那碟鹅片应没问题吧？她道："我不吃鹅的。"

——忽觉一桌小菜，都是恨！

一个人那么痛恨各种食物，完全找不到一样合意的？统统是负心汉伪君子大色魔？能够如此理智、执著、挑剔，真不容易。

懂得吃的人不挑剔，"人尽可夫"，同越多食物发生关系越好。你便明白，每一种食物，不管精致的，或粗糙的，都有它们的优点。应有"欣赏"的胸襟。

若是普普通通的出炉面包、即食面、白粥油条、肉酱意粉，都吃得惬意开怀，正因你以"饥饿"作了最好的调料。

十个百年小药袋

古籍协会二十周年纪念，在梅田阪急三番街设了个会场。

以前见过的夏目漱石全集还没有买主。芥川龙之介的作品四册仍用绳子结好未解。一个"春风秋月"的古木横匾泛起油光。

有些书很有趣：《日本残酷物语》、《芭蕉名句评释》、《大逆事件》、《警句之泉》，还有一位陆军军医中尉所写的《假绷带》，不知是小说抑纪事？中间一定有个秘密。还有《春妇传》、芳年的木版画"近世侠义传"，一看，九万五千日圆！《文身百姿》是玉林晴朗所著，由刺青风俗至江户今昔之文身竞艳，介绍文身师及其得意作品，不过图少字多，只好作罢。

《龙神图》为一洋人捷足先登，我只买了《艳本·魅惑之浮世绘》。

其实有一小袋"古物"，一直趑趄好不好要。"药袋·十点"，四千五百日圆。里头是十个小药袋，都是五十至一百年前盛药纸袋，古朴趣致。有解熟散、万病感应丸、腹顿、子供痢药……当年售十钱到五十钱。见六神丸，"清国苏州雷氏秘方灵药。滋贺县制药"。其中一包药散未启封，保存很好，没结成硬块呢，乃"云快晴堂药房"所制。

想想不要了——用药的都是病人，时运不见得高。他用过，好了，药用不完；但也有可能好不了，大去了便用不着。有点恐怖。

¥160000 的书

在古籍会场，我还看中一本《烟火图解》。

其实那是一本画册。画家用水彩绘烟花，怎可像真？但画工十分朴拙，似一个从未见过烟花或久未重见烟花的人，带点感动和歆歆，把它画下。他那么用心，一定欢快——并非所有人见到空中烟火都会欢快，伤心人在夜色中，误为烽烟四起，攻陷了乐园（忽然情愿中国没发明过烟火了）。

这本日本古籍，拿出来卖的主人道，乃明治时代作品。"明治"，一八六八自京都迁都东京后开始的年代，说不定，也是"国庆"纪录。

《烟火图解》分"昼之部"和"夜之部"。白昼亦放烟火？必为盛会。画家笔下"花名"十分美丽，有星引、白泷、紫烟柳、八重星、青玉、黄烟八方、薄红小町菊、群蝶、天子牡丹、银霞、初霜、雪见伞、散红梅、凤凰……他画时加上自己浪漫的想象吧。

看价目，一万六千日圆，折合港币千多元。日货昂贵，一双皮鞋也就这价钱，不过也迟疑一下，正待讲价，主人在纸上给折扣，再细数，原来不是一万六千，是¥160000！

数漏了一个"零"，绝非粗心，而是做梦也想不到小小一本书卖十——六——万。

我还没"爱"到那程度。

别予对手呼吸位

大机构全力拓展某一项目，有个重要位置，正选是 A 君。

A 君担此重任，必可相辅相成，双方更上层楼。但最后，这个位子由次选的 B 君坐上去，B 君得到不少好处。

据说，A 君之所以未能及早决定，是他不高兴高层未曾亲自力邀，只派遣助手说项。因感对方诚意不足，拖延婉拒。B 君觑此空档，一闪上前，不太计较什么条件，冷手执个热煎堆。

由此可见：——

（一）过程不重要，最重要是结果。

（二）人常为了一口气而泄气，始料不及。

（三）到手才是赢家。

（四）不公开的面子不算什么面子。不必拘泥。

（五）稍一迟疑，即为对手制造机会。

《孙子兵法》(我心爱课外读物之一)中道：

"兵闻拙速，未睹巧之久也。"

他教我们，决定胜负得失，"速度"是不可缺少的因素。

耽搁过久的斗争从来没有成功的例子。不是己方因而疲累，便是价值打了折扣，敌人得到充分的时间，伺机欺身而上。

若 A 君速战速决，几时轮到 B 君？

——情场上亦一样：不可予对手任何呼吸位。

"不，我不是。"

　　向来"锦衣夜行"是浪费。不过近年锦衣者不多（"锦衣卫"却充斥政坛），夜行更加可免则免，只怕连穿锦衣的身体也一并失去。

　　记者奉命到马会行政大楼，访问分得数千万六合彩奖金的得主。人来人往不知谁是谁。尽忠职守，见人就问："你是否中了六合彩头奖?……你是否中了六合彩头奖?……"连询问处的小姐也失笑，劝他无谓费心了。看这采访手记便觉有趣。

　　采访者自有难处，但那些暴发户又怎会坦诚招认："是，我就是!"还让人拍照留念?公告天下?慢藏海盗，招摇招祸。什么世界了?当然抵死不认低调为高。

　　每个人都有他的兴衰起跌富贵潦倒。不管有多好，自家知道就够。同样，不管有多坏，亦打落门牙和血吞——因为根本不容易"感同身受"。

　　说"我真为你高兴!"的人不是没有，但"看你高兴到几时?"的更多。

　　一旦遭逢不幸、不测，最好私下解决自力镇痛，否则，你就帮在刀口上——要钱帮钱，要人帮人，要势力帮势力，要杀手帮杀手才是正经。"我对你万分同情!"，这是对方脸上亮丽的表情而已。"表情"有什么用?

　　所以，我们习惯不追究人家是否中了头奖，得了末奖。

　　"揪"出来又如何?

　　若我们是重要的非知不可的人，他自己第一时间会说。

打呵欠是还债

"债"，其实是人责。有时我们是债权人，有时是债务人。有时大不了是钱，有时所欠的钱也解决不了。欠或被欠都不是怎么开心的事。像《紫钗记》中："欠人一文钱，不还债不完；赊人一生债，不还不痛快。"两不相欠最好。因记忆旧账很累。

——但不管如何假撇清，原来我们天天欠债：欠了"氧债"。

人天天劳动，精神紧张，消耗能量，绞尽脑汁，同时也产生了大量的二氧化碳，充斥在肺中，影响身体内部运作，人便感到疲倦，氧气不足，一如"欠债"。

要把积郁的二氧化碳换出，便打一个大大的呵欠，深呼吸伸懒腰，乘势搞好内部的"交流"，也还了氧债。

一个现代和尚道："人在无意识中发生的各种'治疗性行为'，都是正确而有作用的。"不过它们不能一一解释给我们知道。所以痛、发热、下痢、倦……就让它们来吧。你我若打呵欠，要尽情地打，不必留力，就是途中成功地阻止了，末了还是再发生，总之不管如何，打发掉便好。

呵欠如变心，是不易掩藏或掩饰的。

爱情也需换气，假如里头二氧化碳太多了，当事人自自然然，有反射动作。

从前不明白"呵欠"的意思，以为其取音同——原来是积极地以一呵还欠债。

最令男人自卑的

一个男人十分坚决地认为，最令男人自卑的，不是别的，而是"经济"。

男人与女人之间无形但又无奈的致命伤，因经济上比不上她，也就永远不能"当家做主"。

我问："不是才华吗？"

他道："不。"

多少没有什么才华的男人，他可以在商场、股市、政坛……上运筹帷幄指挥若定。某些女人心目中，这就是另类才华。

而且古今爱才的女人，最终却向财投降。因为有贝之才给她们的安全感大过其他。那些一度惨遭煎熬，受尽才子和浪子气的女人，回想曾经如此浪漫而不智地供奉供养过他们？教训十分沉痛。

并非每个男人都是大男人，也并非每个女人都爱做大男人的女友——但，做一个大女人的男友，又有何尊严可言？

在高贵的慈善舞会中用数十万投得一只名表当众送给她、斥巨资为女人买一部开工车、住进她名下的豪宅但强调自己有份供楼……大伙都心照那怎会是"他"的钱？令女人开怀得花枝乱颤的男人，大部分可自市面买得到。

人间有情，红歌星在餐桌下偷偷给她小男友塞一把钞票，让他风光地结账。这个面子，也是为他买的。

要非常之心安理得旁若无人，才可厚颜使用女人的钱。

咯血和呕血

见到一则新闻，中年病汉已死去两三天，尸体发黑发臭，榻旁有个兜，里头有大半兜血，也变色变坏。

甲报说他咯血而死，乙报写呕血而死。

我常以为"咯"血较文雅，"呕"血较通俗。

在姿态上，动作上，也有区别。咯血的是林黛玉，弱质纤纤薄命女子；呕血的是失事的赛车手，汹涌喷出，牵连甚广，血量极多。

最近无意中看到一本书，分析这从嘴巴里把血给吐出来的情况。原来在医学上，咯血和呕血之所以不同，皆因由不同的疾病引起，而与一切感性的想象无关——当然也与"字义"无关了。我好惭愧，因不够理智。

所谓"咯血"是喉部以下的呼吸道出毛病或生癌，咳嗽而血管破裂，喷出的是鲜红色血液，有泡沫，有痰。大量咯血停止后，痰中犹带血丝。

"呕血"指食道、胃、十二指肠等消化道或肝出血、受伤，只觉恶心难受，一涌而出的血，混了胃液、食物（消化中及未消化的），一团糟，故是暗红色或咖啡色的。

论杂乱厚重，是呕血。不过，说到凄厉，应是咯血了。

若要大去，最好福气是睡梦中辞世或打麻将大赢喜极而亡。

咯血或呕血都是折腾，且为无底深潭，不停付出，究竟要吐出来多少病魔才知足？才叫做交差？

困犯的 Facial

侍者递来一个小锤子，让我们把饭桌上那道名菜的干泥巴敲碎，此乃"教化鸡重见天日大典"的指定动作。唉，我是个搞戏剧的，想不到吃一顿饭也要做戏，所以狠狠地锤下去，包管它脑震荡。

从前叫化子偷了一只鸡，又没烹调器具，只好以湿泥巴包好，火烘而干后，大力把泥敲掉，连毛一起剥去便大快朵颐——如今他让我们敲，不知是尊重，抑视客人如同叫化子了。而且这菜式之所以昂贵，是因为背后的故事，要不，泥多么贱。

女人上美容院，用甚么矿物泥火山泥活肤泥陶泥做 Facial，账单也宰人。

我便告诉他们一个"泥敷"的故事。

这是听回来的。出自内地蹲过号子（牢房）的囚犯。

牢房中水很珍贵，一般没有甚么清洁梳洗的机会。所以囚犯都又脏又臭。

他们天天困在狱中，只有两个小时放风，不一定遇上下雨。若雨后，遍地泥泞，他们也很开心。放风时争相把墙角或地面上的湿泥巴往脸上敷，就像高贵的小姐太太甚至现代男士做 Facial 一样，涂得均匀，眼睛嘴巴四周留空。回到牢房阴干较苦，一有太阳，又争相仰面照晒日光，待泥巴全干了，一剥而落，脸也得到清洁，老泥污垢尽去，十分舒畅。

——世上有很多东西，根本不应该这样贵。

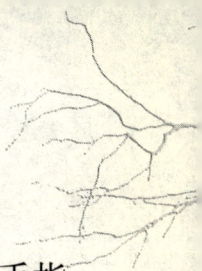

最"可靠"的金手指

本城公屋住户那么多，房屋署怎可能知道哪个单位是滥用、非法出租、空置？……

透过热线或匿名信报料者，当然是"仇家"：——与屋主有过牙齿印的邻居、同事、朋友、家人。

但大部分资料，却来自空置单位住户的旧情人、前妻或前夫。他们不但向房署报告恶行，连对当事人不利的文件甚至身份证号码亦一并提供。

目的只有一个：置对方于万劫不复方才甘心。

那个空置单位，也许一度是二人的爱巢，在该处共度美好时光。而那个人，亦一度是心爱的人，以为长相厮守有福同享有难同当。

因此，双方心底微妙的秘密毫不隐瞒，干甚么勾当自是并肩作战日后如何部署，你一言我一语，一心一德——所以知之甚详。

恩消爱泯的男女，不是你死就是我亡，有甚么事做不出？痛脚化作死穴，计划成为罪证。

而且向大机构举报，可以"借刀杀人"，不费一兵一卒，袖手旁观他多么狼狈，大快人心。嘴角挂着一丝冷笑。

除了房屋署，还有商业罪案调查科、廉政公署、税务局、移民局、派出所、重案组、出版社、电影公司、各大传媒机构……都很欢迎这些因爱成恨的爆料金手指。

行动是凄厉的——但资料十分"可靠"。

不作眼神接触

一位性取向正常的男士，提到他因不知如何逃避同性恋者的电波而困扰——其辞若有憾焉而已。我猜他都不知有多骄傲！

前看过一则花边。美国一个博出位的电视节目，某集主题是"暗恋者"。当日，女主持人邀请了两位嘉宾，一为三十二岁的基佬，制作人员在录影前鼓励他喝酒壮胆，然后鼓起勇气向事先毫不知情的另一名二十四岁男士示爱。他对他热情接触，送花送吻，大放生电。谁知对方对这些举动感到十分尴尬和羞耻，终在录影后三天，开枪把基佬杀死。

死者家人向"始作俑者"的节目制作公司索偿二千五百万美元。

对基佬示爱如此深恶痛绝引为奇耻大辱的男人也算罕见。他理应当众严峻推拒，拂袖而去，何以仍坐在那儿受尽挑逗，三天后才动杀机?难道一度迷惑?

其实同志之间也有默契，绝不会霸王硬上弓，你情我愿才相悦。他们有暗号，例如对有兴趣的目标梳理头发，如对方照做，乃是有意。（故，一个失败的基佬最易秃顶成"地中海"。）

拒绝一个道不同不相为谋的基佬，可坦率冷静告之，可婉转说笑，同拒绝一个女人没什么分别吧？

对无兴趣的人不过电，不管对方是否同志是男是女，最最最简单的，是"不作眼神接触"。眼是情苗，心为欲种，不望他，如何沟通?眉来眼去，便是自投孽网，怨不得人。

面包仍是面包

有些人认为面包用来"挨"——我想，他们若非惯性饭桶，便是不曾遇上好面包。

当然，好的白面包要因缘际会。刚出炉，有小麦香，外焦内软，它的心丰满、性感、应手即弹。

新式面包店品种极多，有咖啡、甘笋、番茄、菠菜、红茶、绿茶、红豆、巧克力、洋葱、五谷、全麦、粟米……香草面包青绿色，而墨鱼汁面包是黑色的。

此中以法国长面包最造作，还得加上巴黎铁塔做背景，展示浪漫。但活着不是拍广告，我不喜欢棍状长面包，手持一根，简直如攻击性武器，若两根齐上，又令我无端想起"食夹棍"，未免大杀风景。法式面包长期暴露空气中，灰头土脸，且吃极吃不完。

买面包的窍门是宁愿仅够，不要多。它经不起时间考验，哪怕只是一天半天。

——耐久的面包，中国内地最多，毛孔十分粗糙，口感亦强悍。

中东包素淡，印度包松软，皆乏味，它们不能独立，要靠馅料当家做主。有一种早晨餐桌上的小甜包，上面有个"乳头"，真是香艳。

据说面包是埃及人发明的。但本人连吃五个的纪录却在德国。

如果爱情像牛油最好。但失去牛油的面包，起码仍是面包；失去面包的牛油，它的存在有甚么意义？

哭泣的"男人"

一位穿上闪烁的姣红西装，打扮得像粒果汁糖的歌手，在颁奖礼中喜极而泣，被记者形容为"搔首弄姿，死去活来之间，尽是女性色相"。哭得阴柔，一点也不像个男人。

你试过有个又姣又媚的"男人"在你跟前哭泣吗？

肯哭当然基于信任。但曾经有一个五尺九、十的男人在我跟前，呜呜呜号哭。他那么高大，昂藏，威猛，还是鹅公喉。当他哭的时候，我安慰他。真惨痛！他竟令弱小的我不似女人。

无端地性别移易，措手不及。

我不但恨他，还妒忌他。虽然这是一个社会现象，也是事实，但为甚么伤心痛哭情人安慰的不是我，而是霸占了我性别的异性？

他们理应护在女人身前，或作她们后盾，像一棵树，好借以遮阴。女人哭，他叱责她们拥抱她们，或用尽方法令她们破涕为笑才是。某些特权竟落到他们身上去，简直是"谋朝篡位"。

我又特别瞧不顺眼，怎么这个不介意性别的人哭得痛快，无后顾之忧，他为所欲为的勇气和胆色，何以不掏出来拎出去搞革命促生产干大事？或阻截擒拿一个用匕首迫奸女学生的色魔？

男人出卖了心情出卖了性别，但有痛不忍有苦不受，选择发泄，一个人非常伤心才如此豁出去——有得伤心也是另类福气。

诛章、松章

有中国人的地方就有麻将，和与麻将并肩而来的命案：——

患病老翁因没有麻将打，闷到跳楼身亡。

因爆棚狂喜而爆血管的雀友，送院后不治。其余三人逃去无踪。

还有，掀翻一桌麻将恶斗……

最近有宗命案，便是深圳一名男子抱怨他的好友在麻将台上不"松章"，令他一直糊不出，双方大起争执，男子愤而顺手拿起身旁的生果刀，朝对方捅去。遇袭者伤重致死，疑凶畏罪潜逃。公安在火车站一间店铺前，把神不守舍的他拘捕。

诛章诛出人命，始料不及。长期雀友，知己知彼，当然各自使出真功夫。

老实说，若对方松章，是瞧你不起。"松章"是作弊，为了讨某人欢心的一种手段。"诛章"才是考验，在逆境中得享的胜利最快乐。有人诛，承蒙抬举，否则他何必花那力气?若你输了，皆因技不如人，寄望下铺"天生丽质"，或靠自摸取胜。

打麻将这勾当，一个回合一个回合算计，有赌未为输——把对方干掉?多寂寞，下半生都没人同你打了。付出价值太大。

而且我们生命中，处处有人诛章，蚤多不痒，诛多不怒，你得面对它，适应它，克服它，还须带着微笑。

再说，有时诛章者是你。你倒是记不起?

惯性爱上波士的女人

大小报章电台电视常设爱情信箱，很多求问的女人，都是爱上了波士的秘书。她们既想做又不愿做情妇。

奇怪，这些烦恼人何以如此"幸运"，都可遇上充满魅力的已婚波士?令她们芳心忐忑?而很多女人打工一辈子，老板们都属于呆头鹅，天天呆头呆脑?真不可同日而语!

女人爱上波士，当然是立竿见影的比较下，公司下属都没他权威，别说女同事都似丝萝，男同事谁不矮他一截?都是支他薪水服从命令的男子汉，有些忙不迭天天拍马屁讨波士欢心，一比之下，波士是先天性优越。

而这些女人生活圈子太窄，朝夕相对不外高下立见尊卑已分的男人群，她还有甚么选择?

波士多数已婚，也能干。对女下属既可口舌便给，又可施展财势上的吸引力。女人对手太多，没有安全感，又更增强孽恋的罪恶快感。日久生情，一个小小的略具姿色的女职员，每以"征服"波士，当上狐假虎威的 A 货老板娘为荣的。

问题是，有很多男人资质平庸，面目模糊，只经营一盘小生意，亦与女秘书猥琐地眉目传情，暗度陈仓，不自量力竟见成绩，不知是他特别幸运，抑是她特别 cheap、蠢、盲目、干涸，和不幸了。

而好些有条件的女人"惯性"爱上波士，这已是"不治之症"。若然，就要多多跳槽，物色好一点的波士才上路。

《反常识讲座》

渡边淳一的书《反常识讲座》——东京奇谈怪论，趣味盎然，而且甚有见地。

其中有《钝感乃才能之谓》一说。（先岔开话题：这题目译笔好怪，与把村上春树作品译得流畅舒服的赖明珠，是两极端。不过也许"配合"他的"反"和"怪"吧。）他认为"所谓才能在许多人看来似乎只是指在学校里学习成绩优良，或者了解了丰盈驳杂的事情，抑或具有快捷敏锐的反应能力，如此之类而已。然而，另一种卓越的才能，是'愚钝'"——阁下表示反对？看下去。

卓越的才能，不止于"敏感"，有时还指"钝感"。

现实中，人们不可避免地要与形形色色的人交往，当遇斥责、麻烦、失败、变动、尴尬……能马上忘诸脑后，不斤斤计较，反应迟钝些，有利于调整好心态，恢复元气。日后又只字不提，不为之动容，是一种"积极意味的精神粗疏"，可说是度过坎坷人世，宝贵而重要的资质。

渡边淳一共十一章的讲词，还有"切勿做精明的傻瓜"（机关算尽又如何？）、"化腐朽为神奇"、"要住就住在猥杂的都市"、"用恋爱锻炼你的头脑"（是的，即使失恋也曾是美容剂！）、"阿谀奉承也是美德"、"愈老愈要轻狂"、"无知能产生创造力"……

一气呵成干掉。好看过名作《失乐园》。

我们每个人，潜意识中都有"不服从"传统的因子。

从来许仙胜白蛇

女人名利双收，身经百战，姿容也吸引过很多恋慕者，她不是不快乐，只有苦说不出——原因是"错爱"。她爱上一个比她年轻、比她穷、比她漂亮的男人。

一直以来，爱情不像五五分赃，双方满意。爱情永远不匀，一定是四六、三七、二八、一九。

一定有一个比较在乎。

她太在乎，所以他可以不在乎。

战场上讲求"先发制人"，但情场上，谁先爱上谁，注定先输一仗，这是"必死可杀"——抱必死之心，对方杀不杀，你也就义。

付出较多者，往往是输家，赢了也是输，太吃力了。本来，爱无所谓纡尊降贵，但这念头一朝闪过，就这意思。

几乎每个局外人旁观者，都明白只有过程没有结果，既然女人亦只要过程，便顺其自然，生命在此忐忑和担忧中，自虐地消耗。也许不是犯贱，有总比没有好。不在乎那位，十分轻快，没有包袱。他在爱她的同时，也看扁她，吃定她。这样的一颗心，使尽千方百计都霸占不住。

男人根本毋须下注。他是赔不起可以赖账，没有恶势力朝他大门泼红漆。一旦有赚，便勾搭更鲜嫩的青蛇，理直气壮。

——从来都是许仙胜白蛇。哪管她有千年道行？

原来水是那么浅

一头小水羚浸泡在水中。它悠闲而自在，完全不觉察四下的危机。在岸边，有一头体积比它大数倍的母狮正在窥伺。母狮没有贸然采取行动，不因为无把握，只是不知道水深。所以静待良机去猎杀。

不久，小水羚满足地站起来了。几乎没伸个懒腰。

是的，它犯了致命的错误，让岸边的敌人洞悉：——哦，原来水是那么浅，只及你膝。

母狮蓄锐出击，马上中的，啮咬它咽喉不放，并撕裂血肉，大快朵颐。

母狮进餐，是在水中一个小浮岛上进行。它并无意思与同伴分食。

岸上来了些狮子，远观它吃得痛快，也馋液大流。不过晚来了一点，又不敢轻举妄动：不知道水深呀，没游过去抢食。

母狮死守并独占食物，得意地尽情享用。一不小心，尸体掉进水里，它下水攫住，一站起来，群狮洞悉了：——哦，原来水是那么浅，只及你膝。

二话不说，一齐下水涌前。饥饿的狮子群，把母狮的晚餐抢走了、分享了。真无奈。

人人都不想倒下去，只望站起来。无意中，一个张扬跋扈的姿态，便让所有旁观者知道你是个怎么样的人?底牌在哪儿?水有多深?——哦，那么浅。是自己给揭发的。

跪在门外的他

二十岁男子 A，念中学时已对一名女同学有好感，毕业后出来做事，两年间不断苦苦追求，始终未能打动芳心。死心不息的他，某日凌晨，突前往她寓所门外，跪地哀求对方父母允许女儿下嫁。家人不胜其烦，报警求助，警员到场劝谕，事件扰攘一个多小时，A 带着失望的心情离去⋯⋯

也许有人认为他窝囊。看不起，取笑他不合潮流：

"你还在呀？"

——但，他"肯"这样做，操行分甚高。

因为同一天，另一则港闻也报道差不多的爱情纠纷。

十八岁男子 B，八个月前与一名十五岁女友来往甚密，近月双方感情有变，不但经常争吵，骚扰邻居，女友拟取回私人物品分手时，有人酗酒，失去常性，打破一个烟灰盅，以碎片割伤她脸颊及颈部，毁容之余，并要胁强奸⋯⋯

同为"求爱不遂"事件，同是痴心汉子，不想失去她，手法却完全两样。

在暴烈和激情的年代，得不到一个人，便毁了他，这不是爱，而是发泄。

我们不大相信世上有在寓所门外跪下来央求至天明的傻子，偏生发现一个，如此尊重对方的自由，末了独自怏怏而去——即使她根本不爱他，但也为此刻的尊重而感动吧。

日后她嫁给另一个人时，或者，会记得已经没有甚么男人肯伤痛得那么温柔了。

触　摸

孩子需要大人的触摸。

广告劝妈妈：

"五秒钟的触摸，更胜五分钟的言语。"

女人也需要男人的触摸。身体上和心灵上。

如果她得不到他的触摸，不安或孤独时，常不自觉触摸自己的脸、手、头发，让盲目的心灵误会。

专家分析：对象若非自己，而是一只咖啡杯、小摆设、植物、纸、火柴……所有身边的物件，也属"间接的自我触摸"。

挫折感愈重，自卑感愈烈的人，只能靠不停地东摸西摸，稳定情绪。

一个坚决自杀的人，才没时间没心情触摸尘世上的个体，包括自己。只有矛盾地徘徊于生死关头，眷恋他所得不到的，才会摸了又摸，他知道，若掉头他去，就再也摸不着了。

相信每一只新鬼，都会上来触摸一下故物。

——我们说服一个人珍惜生命时感到很吃力，

很多时是他的触觉"挽留"他。

转 念 之 间

　　男女之间，有时是"攻略"，有时是"经营"。这是一个别人的故事：——

　　有一对男女因小事闹别扭，又因自尊不低头。他们很久没说话了。但仍"滞留"在同一屋檐下，原因只有一个。世上所有不愿分开的男女，原因也只有一个而已。

　　有一天，他出门时，在月历上，写了斗大的"痛"字。表达不满。她见了，非常生气，便在"痛"字的下边，加了"恨"字，以示伤心。

　　晚饭时，二人对坐生气，各有各吃。

　　她忍不住发难：

　　"你在月历上那个"痛"字，什么意思?是否长痛不如短痛?"

　　眼看没转圜余地，本欲反唇相讥的男人，改口道：

　　"'痛'是我们相处本来十分'痛快'，弄到这个地步，很'心痛'——但你那个'恨'字呢?"

　　她马上也来个急转弯：

　　"两个人应该'相逢恨晚'，何必彼此'憎恨'?"

　　即将爆发的暴风雨，几乎成为陌路人的男女，因转念之间，痛恨消解了，化险为夷，变成打情骂俏。

　　——"经营"需要忍让和机智。

发情犀牛发恶猫

爱看"国家地理频道"的节目，包罗万有。

有回看马来西亚的印度善信过大宝森节，背负赎罪架，和甘愿自残利针穿过舌头的整个过程，诡异而神圣。

"The Secret Life of Cats"最有趣了，受到宠爱的猫儿可以过生日会、拥有悬桥花圃的迷宫乐园、还有电视节目看。主人日夜抱入怀中爱抚——一头家猫半夜出轨，作奸犯科，一晚干掉十四头雏鸟，还是吃头不吃身的挑食和凶残。流放野外的猫，是个卓越的求生者，吃它所能找到的任何食物和尸体。非洲人恨猫太过有侵略性，一起捕猎，抓到后剥皮烧烤，是土著主食。探险队一位小姐从容把猫解剖，用镊子在肚肠中找出来一条蛇，两条小蜥蜴一条大蜥蜴，还有好些未消化的杂肉，一些鸟羽……你无法想象它多么的兼收并蓄。

还有《犀牛志》。犀牛没有汗腺，所以常浸泡在水中，或在湿泥巴中打滚，散热。它们爱一泡四五小时，这时，小鸟和鳖会飞近游来，啄食它们身上的寄生虫和带血的跳虱，是为下午茶美点。犀牛容忍它们来开餐，而鼻孔里头的跳虱，要靠外援代行清理。

某渴求交配的公犀牛，其貌不扬兼且体重吓坏异性，即使它不断努力地霸占地盘，驱赶情敌，还拨沙撒尿扩张版图，可是母犀牛都不发情，不但叱喝，还坚拒它走近。终有一寡妇，尝试习惯一下它二百吨重量，设定一个不易受伤的姿势，才肯让他"侵犯领土"。公犀牛乐不可支地，在旷野太阳下认真交配了一小时，两岁的"油瓶仔"在旁观——没有其他动物能这样的尽兴和无耻了。

话不可说尽

友人工作不愉快，掀翻桌子不干。

上司这样说："有我在的一天，你都不必妄想回来！"

——站出来说这蠢话的人，一定不会是最大的老板，因为老板永远在，毋须多言。自我膨胀的，通常是以为掌权立功，大玩办公室政治的高干。

我跟吾友开玩笑，中间有否牵涉性骚扰？若有，不如牺牲一下，直接向大老板入手，然后当上老板娘，回头把这高干处理掉。

甚么才叫"有我在的一天"？没有人可以长踞一张椅子。大家都是打工。

电视台因演员迁就不到档期，台庆剧易角，多位高层公开批评，扬言索偿及"永不录用"，云云。

阅之失笑。如果演员够红够嚣张，你们需要他，还不是忘掉前尘？——这是一个耐力的比赛，看谁经得起时间的考验，也许过不了多久，他仍在，你已不在了。

代主子封杀并不保险。世事多变。

他们在位，言辞有力；一旦引退，已无代表性。

政坛尤然，聪明的政客从来不会把话说得太尽，更是这道理。

男女分手，也别说"永不低头"或"永不回头"。

"情"字横画多，总生枝节。留三分，不是为人，而是为己。

可怕的火车站

中国南大门的火车站，仍数广州最可怕。

深圳关卡，一出来已乌烟瘴气。近日"总算"有点行动，在罗湖商业城的天桥一带，树立红灯，划为安全孤岛，在"红灯区"范围以内，公安和便衣比较勤快，因为抓到歹人有一百大元奖赏。来客在其他地方被打毒针？各安天命了。

广州连这小小的安全孤岛也欠奉。

其实我已很久很久没到过广州——如无必要，永不到广州。

最近看电视上拍摄到广州火车站，十年廿年卅年如一日，空地仍堆满没地方去的旅客、民工、来挣一口饭的盲流、乞丐、买不到车票的人和拥有大量车票的黄牛党、匪徒……一年四季人山人海。品流复杂。

晚上，所有人席地而睡。抢劫、殴打、强暴……一贯的传统。有人被打死了，在尸体旁照睡不误盒饭残羹照吃不误的人，是多么的坚定不移，心无旁骛。

八个候车室只有两条通道往月台。大城市人流汇聚的首席火车站，只有几个简陋售票小窗口，当中还有长期不开的。最孔武有力的武林高手，也不易打进去。

夏天吹焚风，三十几度高温，又脏又乱，蒸沤沥烂，隔着荧幕也嗅得到它的腐败。为什么一个交通总枢纽仍是沦陷区？

不是不能吃苦（当然可免则免），也到过很多火车站，是怕"人"，怕"人治"，更怕"没人管"。

能屈能伸的猪扒

流行的葡式猪扒包，质感当然比汉堡包强，而且猪扒毫不吝啬地，在猪仔包夹缝中肉体横陈，四肢都满漏，看上去十分之丰盛。

用猪仔包而非干冷的面包，更是一绝。因它外皮脆，内心又香又软，光涂牛油已是美食。新鲜出炉，一块一块撕下送进嘴里，洒了一身细碎的酥皮，也很好吃。

猪仔包夹着洋葱猪扒，像一个小孩环抱着父亲。同日式的"亲子丼"，鸡蛋加鸡肉一样，唉，都是两代难逃的劫数。

在高贵的餐厅，加上苹果、橙花、香草……可以弄得很花巧。

市面上咖喱猪扒、香茅猪扒、吉列猪扒……浅俗，却能屈能伸。茶餐厅的椒盐猪扒伴沙律，加一杯香浓的丝袜奶茶，是一顿不错的下午茶。

日式的炸猪扒比较讲究，不但选取肉质鲜嫩的部分，还腌得入味，炸后不滴残油。他们标榜用的是"黑豚"，可与吃烤羊或涮羊肉时标榜"黑草羊"相辉映。

有些食肆，还强调经过人手"按摩"，所以一块平凡的猪扒，格外松软、惹味。

当肚子饿得怪叫，一客焗猪扒饭：猪扒香煎，淋上蘑菇茄汁，杂菜粒蛋炒饭作底，焗至微焦，香得似天堂。

胃满意了，嘴还有甚么可说？

在丝中化了蛹

每年冬季天气转冷的时候，传媒便会找来男女模特儿穿上各种保暖内衣列表比较：——羊毛、合成纤维、全棉、混纺、光电子纤维、丝袜料……

每回都不缺"主角"，便是没有蚕丝只含聚丙烯的天蚕衣。名字改得好，总有人误会是天然的蚕丝。谁知是化学物料。奇怪，为甚么他们忽视了真真正正的蚕丝呢?难道因为它太原始、老土，成不了城市话题?

不过羊毛令皮肤敏感，全棉不够暖，天蚕衣焗身，丝袜料紧……都有缺点——我的首选仍是真丝。

百分之百由生命演变。而且真丝轻、薄、贴身、润滑，十分保暖。除了长袖内衣，还有长裤。即使五八度低温，这样的一套，令你觉得自己是一条被吐出来的丝围裹着的蚕，若躲进丝棉被窝中，都"一家子"，基本上便是一只"茧"的感觉——当你已在茧中冬眠，化了蛹，又怎会轻易爬起床?肯定长睡至地老天荒。

还带静电。还会微微的出汗。

很多地方室内气温颇高，内衣"太暖"，便是"热"。此时又恨它太体贴，吃不消。

太难了。

要凉便凉，要暖便暖?对我们最好的，有思想的"人"也办不到，何况是无脑的身外物?

山菜 Soba 之夜

　　惯吃新鲜蔬菜，以前不怎么留意杂类"山菜"Sansai。在日本的食店，常有山菜荞麦面、山菜杂炊、山菜渍、山菜凉拌。味道也不错。

　　在香港也可买到的"山菜包"，有袋装，有胖香肠装，都是煮熟略为腌制的，但味淡。山菜是春天山林中野生的植物，有蕨、桔梗、金针菜、菜花、木耳、滑子、菌、春菊、细笋……均切成小片或小段。颜色不算青鲜，有点暧昧，不过煮开了，原来形状姿态百变，还很清爽，一包尽是纤维。可以瘦身。

　　最好用来下面。

　　而且一定是荞麦面才好吃。

　　我喜欢"日清·兵卫"的天妇罗 Soba，汤底和面都很有风味。像在江户时代一样——总之好古老。

　　这锅雪国山菜 Soba 上面，不忘铺两片柠檬。

　　用甚么来佐面呢?

　　我会开一罐白芦笋。有时以"三杯酢"的水云发菜做前菜。

　　冰箱中常有几包纪州梅渍物，以茄子、昆布和小黄瓜为主，带梅和紫苏的香，是神户名物。百吃不厌。

　　这顿几乎是素食的日式消夜，无谓算账。加起来价钱不便宜，怎能以"即食面"目之?你们要不要试试?

粗戴和润手

幸福女人的品味、气派，其实不是看她的经营和堆砌，而是最随意的一刻。例如：——

（一）粗戴：

人人都可以把最大最闪的钻饰戴出来，在 Ball 场低调地炫耀。但戴厌了的人，十几卡指环，只是 shopping 和下午茶时"粗戴"，洗手时也不脱；脱了又忘了拿走……之类，真正的名媛和挣快钱的暴发户也如此。

（二）润手：

面部的呵护很重要，都不惜千金去买上等的日霜、夜霜、修护霜……至于润手霜，其实十几元的凡士林同名牌效果差不多。只不过是润手吧，也特别订购，便好奢侈了。

——有没有发觉，把一双手调理得嫩滑、漂亮、高贵，虽然是她身体以外的关注，不过手是见人的第一步，不容有失。

即使真是一个镶了金玉钻石的剥壳鸡蛋，身材玲珑，皮肤吹弹得破，但双手却出卖了你的年龄、保养、品质。双手的风霜不易瞒人，青筋脱颖而出。

因此，粗戴和润手实在也不能目为随意了。穿得像皇后公主，手一伸出来，像女巫。社交版上常见名女人的"不小心"，露出破绽。

千层酥饼寻找好茶

除了咖喱之外，其实我很喜欢吃印度的烤饼。

用来伴菜的，常见是 Nan，以高温大陶炉烤制的面包，拉成一滴巨型的眼泪状，手撕蘸菜肉来吃，外焦肉软，原始风味。有些特色 Nan，加入芝士、蒜茸、干果、香草、免治羊肉、薄荷碎……但仍是甚么都"无添加"的，才吃到面包香。

印度威化饼薄脆一片，带咸、辣。是开胃小点。

烤麦饼则压平成薄片，韧，容色黯淡，麦香。同类的手帕薄饼、炸饼，也是代替白饭的。

——但，我最爱的是千层酥饼。

香浓牛油、小麦粉团，反反复复揉压多遍，才在炉上摊开烙成一张饼，一层一层的油酥，又脆、又韧、又黏。这千层酥饼，配印度特色的薄荷香料酱汁，真是人间美味，吃一个就够了。

在时代广场地库的食堂，有印度咖喱小店，他们下午茶时段（三至六时）有客茶餐，是蜜糖千层酥饼配玛沙拉茶。我常点这个。不过茶很一般，不够浓辣，次次强调"少奶"。却不见改善。

但为了热腾腾香喷喷的酥饼，只好继续光顾，希望他们的茶认真做好些，才配得上。否则总有点遗憾。

哭泣父亲值得同情吗？

近日常有"儿子打伤父亲"的新闻。

儿子打伤父亲?——直觉是忤逆、不孝、学坏、世风日下……当然有这些的不肖子，不但不反哺，还兽性大发。

但爱恨总有因由。怎会"无缘无故"？

有一个父亲，向分居妻子连番苛索金钱，挥霍净尽。食髓知味，又因发穷恶，当街狂踢妻子。儿子不值所为，介入阻止纠缠，结果把父亲打伤。报载，妻子曾因一宗兄长被杀事件与他亡命天涯，但他却在内地包二奶，在香港搞外遇，才不堪刺激离开。

有一个父亲，亦因包二奶与妻分居。儿子同住，但二人失业，靠综援过活。他不懂节俭，每日与二奶聊天的长途电话费动辄三千多元。这大迟取去儿子的无线电话联络二奶，引来不满、口角、动武。儿子举起电脑把父亲打个头破血流。

——把儿子带来这世界的父亲当然伤痛。皮外流血，心中淌泪。因为打你的是自己骨肉。

但他们都是变心的丈夫、不负责任的父亲。没有好好养妻活儿照顾家庭，不但包二奶，还在家人的口袋掏钱出去花。够不够当父亲的资格?有没有得到尊敬的理由?

伤痛哭泣的父亲，值不值得同情?

你自己回心想想……

一层甜的肚腩

逛公司，见一款直立牙膏型的炼奶，是日本"森永"（属名牌子）的 SWEETENED CONDENSED MILK，售价约十多廿元。

这支"奶膏"很有趣，有点像女士的"洗颜料"。

我们小时喝的炼奶，最初要用罐头刀左右各"凿"出一个小孔，利用对流倒出。牌子不外是"寿星公"、"鹰唛"、"三花"。

及后有易拉罐，但剩下来的不能储存，所以都是迷你小罐，一次过。

我根本不爱炼奶。

如同痛恨茄汁焗豆（想起台风）、咸牛肉（想起狗粮）、五香肉丁（如鞋底切粒）……

炼奶最可怖之处是甜得像假。

还有人用来涂在面包上多士上吃，好一层甜的肚腩。奶油多、奶酱（花生酱），光听已形成肚腩吧？

"直立"的炼奶，为寂寞的小孩而设。

他们挤出来的，不是母亲为你快高长大而逼你喝的关怀，只是一份毋须动用利器，方便卫生而又可长期保存的"自立"。

咸甜易位

我们平日吃的蛋卷是甜的，即使凤凰卷，馅料中的椰丝、花生碎、芝麻、白糖……也是甜的，所以元朗有一家卖咸蛋卷，以肉松和金华火腿作馅，便比其他店出位。

出位之道很多，要诀不过是"背道而驰"。

一般人如此这般，你便相反。

黑鱼汁做意粉、饭、薯片，甚至做面包，那是意念新鲜途径正常，但把黑色的墨鱼汁加进雪糕中，把咸变甜，便成十分吸引的卖点，日本北海道有这黑雪糕。

台北也有雪糕店，除了正常口味，还有吞拿鱼、火腿、咸牛肉、麻油鸡、猪脚……怪味。用豆腐做雪糕不奇怪，它本身可咸可甜，但牛肉味却诱人起码尝一回鲜。

也有 Wasabi 雪糕和糖果，不依常理。甜而辣（忽记起台湾小吃中有"甜不辣"，与这个无关，只是"天妇罗"日文中译，炸鱼片而已）。

月饼一向又甜又腻。上海的月饼却是酥皮咸馅，如椒盐、苔条、云腿……鲜肉月饼焗热后，十分美味。

甜品咸吃，咸品甜吃，便成话题作。

人生中，也常是笑中有泪，爱恨交加，悲喜难分吧。

所以,蚌很寂寞

百货公司的饰物部有缸水,养着几只蚌,举行"开蚌寻珍珠"的"交易"——说是交易,而非游戏或抽奖,是你必须付出代价去换取一个机会。

得付出九十九元买一只未开的蚌,它体内的珍珠归你。也许是金、银白、粉红、灰蓝……各色,也许是大,也许是小。

保证得到珍珠,但不保证质素。这种撞彩,一如盲婚哑嫁。货银两讫,不退。

普通货色的珍珠不贵,多付少许,已经可以自己做主挑选事了。

但店员说:

"蚌开后,如果珍珠不好,或者太小,可以另挑一个重开。"

如此一来,连"撞彩"的惊喜也没有。只求愿者来,有光顾。

不知道是否有人乐于一试,只是已经不大相信未揭晓的东西。

爱珍珠的人不会如此儿戏,不爱珍珠,何必买一个谜?而这个谜又可以不算数?为什么他们不去买六合彩?

有闲情,人们才装饰自己。有余钱,才赌博。有兴致,才寻宝。

只是珍珠非必须,到手还有工序,得再花费去镶指环、吊坠。一颗珍珠再好,难以独立取悦我们,变了我们去侍候它,不甘心。

所以,蚌很寂寞。

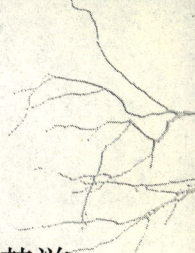

"爱丽斯"集体梦游

据说台湾夏日有好些小孩患上"爱丽斯梦游仙境症"。这童话我们耳熟能详，但没看过书的小孩，并非受情节影响。他们会觉得自己的头愈长愈大，高到屋顶，身边的物件扭曲，其他人变小，所以不得不把视线往下调。眼珠呆滞。步伐不稳，语无伦次……

症状是如何产生呢?偏头痛?病毒感染?胡说八道?夸张?幻觉?引人注意?精神分裂?超能力?潜意识?……还是天气太热了?这病是否好奇怪?

——不。只是一直不知道名堂而已。

事实上不止台湾某些小孩，"爱丽斯"症候群一直存在。谁会不能自控地"梦游仙境"呢?

（一）堕落爱河中人，一天到晚都发烧、迷醉、浮游、步步不踏实，身在仙境中，根本不愿意回到现实。

（二）暴发户、偶像派、科技人……易得享名利，总是觉得自己更高更强更健美，所以看人时爱用"俯视"姿态，自我膨胀具体化。

（三）愤世嫉俗者，看甚么都扭曲、变形，非我族类。

（四）性骚扰过敏症病号，只觉大街小巷的男人都露点、淫秽、色情狂、令这贞洁的爱丽斯如处身禽兽堆。

（五）手术室中以手机聊天、胡乱下刀剪误切器官、胡乱配药、手术后遗留物件在病人体腔……的医护人员。

江湖阿姐的玉腿

在一家茶餐厅，见两个"行走江湖"的女人撑枱脚。

我自枱底观赏她们的玉腿。

这些被称"×姐"或"×家"的女人，她们的玉腿是有模式的。

不知如何，十分喜欢穿窄脚裤，还是三个骨的。颜色相当"斑斓"、瑰丽、闪亮。起码具备五至七种颜色。或是一些斑马、斑点狗、豹、虎之类的兽纹。

露出一截小腿，间中有青绿的筋脉。戴一条脚链。趾甲呈尖锐的杏形，甲油不是紫、蓝，便是深红。踏在厚底凉鞋上。

如果翘起一条腿，那凉鞋便吊在脚上晃。如果没有翘起，通常便分张大腿而坐——然后提起一脚踩熄刚扔下的烟头。

别看她们玉腿七彩纷陈，其实不大干净。脚跟皮厚，尾趾结了些茧。这样粗糙市井，才显出风尘味，以及行走江湖，不靠男人而挣一口干饭一杯香浓奶茶一笔养老金，有多么吃力。

还得虚张架势。

最近看电视上有反盗版的广告宣传片，各式各样的罪犯，因阁下购买盗版而赚个盆满钵满身光颈靓，向大家道谢。

其中之一是位阿姐，用眼角瞅着你，讲句江湖味十足的"多谢"，是沙哑的鹅公喉，真是神似形似。英姿勃发。

她的下半身，便穿了上述"制服"，拥上述风姿？

奢侈的二十分钟

日本白领一天工作累了，流行到"氧气中心"吸氧，松弛神经。二十分钟收费近两千圆（港币百多元）。

吸氧不是"新风"。记得多年前，中国内地也有过"氧吧"的潮流，供经济改革开放后，有余钱的大腕和港客去吸入新鲜氧气，养生减压云云。但这些雨后春笋的"氧吧"，不久便做不住了。

呼吸还得付钞？所得不过是宣传中较清新的空气吧？半信半疑。

日本人竟然也当做新兴享受，收费昂贵。

其意义也许是找一个好地方，躺下来休息，甚么也不想、不做，光是呼吸便够了。"吸氧"只是手段。

除此之外，还流行一些短时间的按摩。

指压中心设在热闹的地下街，格局高尚，布置得舒服、安详，如海洋的感觉。自称 Refresh Hands。

客人多半是行政人员、办公室女郎、欢场女子、大学生。可以做脚部或上半身的按摩，所以不设卧床，只坐着做颈背部。一般而言，二十分钟的收费是两千到两千四百圆。

我试过，比起深圳的盲人师傅连做两小时不欺场，差太远。——但这里干净、摩登。人们 shopping 累了，不去下午茶，去吸氧或 refresh 更时髦。

老实说，以二十分钟为单位？时间太短，甚奢侈。

山不转路转

有一本书，唤《偶尔也该发发呆》，虽不是甚么大道理，但发发呆，想一想，总能发掘到生活有七十个领悟。也许每个人都可以写一本书。

努力不一定会成功，这不是打击，而是提醒你不必做梦。在努力之前你比谁都清楚——但，不一定会成功不要紧，努力过已是精彩而丰富。

努力，不是"出死力"。

一名老兵倾所有积蓄开了家面店。开张数月，生意极差，每天都在亏钱。邻居劝他："只卖馄饨面是做不了生意的，要多卖几样。"他嚷道："我就只会煮馄饨面，爱吃不吃随便人！"

他随便人，人也随便他。面店不久便关了。

——他是不会（也不肯）随机应变。

人有时死在自己的困局。

再有性格、原则，但没有出路。

作者认为："山不转，路要转；路不转，人要转。"跟"死"的情况、"死"的环境抗争，是不智的。

完全不忌讳"死"字，因为人人都有能耐，置诸死地而后生，只要懂得"活动"脑筋，"活用"妥协，"活捉"突破，如水，活活流曳，随境遇生变，别做一块僵冷不化的冰。

今天甚么也别做了，发发呆，你会想通的。

一夜的主角

万圣节我们在兰桂坊附近晚饭。

才七时多，"群鬼"已陆续出动。食肆的门口还有侍应化了怪妆招徕。救护车提早驶至，以防万一，还有警方人员戒备。

时间未到，那些"盛装"者仍未 Warm–up。只在地铁站、马路旁、小食店……养足精神，待入夜才疯狂。打扮成魔鬼、僵尸、贞子、女巫、猫妖、外星人、科学怪人、骷髅等，嘴脸都是血。

见到一个头罩巨型怪兽面具的男子，那东西好扰攘，又重，且妨碍视线。他像盲人一样摸索，身旁有两个同伴搀着，一步一步地慢行。

虽然举步维艰，不过他的妆扮吸引到不少目光，还有"哗!哗!"的惊呼，偶有游客好奇来细看头罩，问候饿不饿渴不渴，打招呼。

他十分满足。

看不到表情，但见他的牛仔裤和皮鞋都是很普通的货色。鞋子破旧，似走过不少路。他不是信差，便是洗头、厨子、跑业务的经纪、小职员……生活苦闷，永远的小配角。

但今夜，他是短暂的主角。

万圣节的鬼物都不算恐怖，顶多令人骇笑。一个白脸鬼朝我咧嘴，他的牙又黄又尖——以为是"化妆"?不，媲美吸血僵尸的犬齿原来是真的，省回了道具。

看，不枉大家"等"了一年。

明年再见吧。

焚松·咳嗽·真凶

看林怀民的《焚松》，主角不是"焚"，也不是"松"，而是"石"。人与石的搏斗。人与石的融合。人与石彼此征服。人与石相互拥舞。

两种生命的交战，和试探。

"焚松"仪式源自西藏。藏人过年或节庆时的习俗，他们焚烧松柏，松烟萦绕，增加吉祥的力量，为自己与众人祈福。此外，猎者和旅人在山中行走时，也常焚松，根据松烟的走向，判断吉凶。

石头不是永恒，有时人的心比它还硬。但"面对时间，所有人都应该谦虚"。软弱无力的心，还随五体投地，拜倒缥缈的香烟梵音，追寻远方一下难明的指引。

人们的希望，仅足营养自己到明天。

最讽刺的，大家都不浪漫。香港流感肆虐，座上好多"病人"，松烟令咳嗽此起彼伏。都为了礼貌，为了尊重表演而强忍，那些"干咳"，本身便是仪式。也可见到坚毅。病人战胜了无形的刺激时，舞者已掌握了有形的嶙峋。

有个小插曲：——我们看的是第一晚，西藏密教梵唱回音中，忽闻座上一下又一下的手机铃响。那个忘了关机的主人是谁?为甚么不马上按停?几乎犯众憎——他是"不敢"，一有异动，全场都讨厌这真凶!但来电的人又不肯适可而止，非要苦苦通缉。

某些联系也真磨人啊。

年轻才烧得起

年轻新晋歌手寓所大火，一切尽毁——三天之后，她已收拾心情投入工作了。

最初很悲伤：

"好惨！损失了所有回忆，奖座和童年相片，这些用钱也买不回了。"

后来则乐观地：

"努力工作，搏命挣钱，由零开始。"

也不是完全舍得——但，不舍又怎会得？

能够看得开，当然是性格，此外，便是年轻。

年轻，"回忆"才烧得起。

因为最重要的回忆也许还没有到来，失去了比较容易复原。制造新"回忆"的能力强，机会也比较多。好的在前面呢。

如果一个人一生"必须"焚烧一次，失去手上所有，早比迟好。十九岁烧得起，二十九岁有更多依恋，三十九四十九些岁泣血崩溃。到了五十九岁六十九岁，反而又豁达起来。

原来迎接不幸和意外，需要无形的本钱——拥有得愈少，本钱才愈大。刚开始?耸耸肩，再追过不要紧。还没有开始？一片空白，便不值得悲哀。

所有用钱买不回的东西，一旦过去已是失去。童年的无忧。青春的悲喜。快乐、满足、感动、眼泪、思念、心跳、惆怅、安慰、销魂……风雨中的电话。母亲的老火汤。失意时的问候。重见故人的百感交集。报仇的快感。某一晚的月色……

逞强为了什么?

在电视上看到台湾一名五十一岁的男子"与朋友比试：看谁有胆在子孙根套上钢环?"的花边，不禁失笑——但这始终关乎人家的"终身幸福"，虽是个荒谬的黑色闹剧，总不能"笑"出来。

因为朋友们喝酒欢聚起哄，大家都当众脱掉裤子，提起子孙根朝一个个车床专用的小钢环孔里送。他勇猛地一口气套上三个。但忘了取下来。不胜酒力醉倒。直至酒醒，痛不欲生，才知阳具肿胀发黑，无法撒尿，甚至因缺乏血液循环，要害坏死。医生得插入导管放血，才能脱环。幸保不"失"，却功力大减……

这些比赛、打赌、逞强，是为了什么呢?有人入珠或做小手术戴小道具，增加性趣（为对方，还不是为自己），但无端套环，胜出有奖吗?我们不明白男人自虐心理。

当它卡在中间，令人联想长假期后过万港客硬挤在罗湖关卡，既不能前进，又难以回头，多么惨痛!

曾受无法过关之苦的香港人，肯定不会亲手缔造相类的"堵塞"事件，因谈虎色变。

奇怪，台湾的老百姓总是乐此不疲。又有新闻人物，把铁链、别针、缝衣针……异物吞进去。另一位，一枝牙刷滞留在胃部竟达一星期之久。

说是"减压"，难道不是给医生和家人"加压"吗?

156

"惹 蚁"

凉茶店子卖龟苓膏，桌上有壶糖水。食客要冻的，加甜方便。

糖水放在一个盛了水的碟子上。北方人觉得奇怪，其实是防蚁的方法。如此装置，蚂蚁再喜欢，也攀不过海关。

我们没有想到，这样的天气，一碟生水易变质。误滴入食物，也不卫生。

周刊教人防腐防潮。有一则，说白糖罐内若有蚂蚁，可用一根竹筷子插入糖中，它们便会顺着筷子爬走。

我觉得好奇怪，筷子不能"防蚁"，而是企图指引沿路出来，如同把浪子拉出脂粉陷阱。

它们出不出来我不知道，但若"听从指导"顺着筷子往上爬，直上九重天，还不是死路一条？

谁肯自讨没趣，有福不享，毫无目的地牺牲？

蚂蚁这昆虫，不知它们自何处来，总之，一有甜味，必然招惹。忽记起一句传神的粤语，形容一个女人又靓又甜，是好"惹蚁"。

狂蜂浪蝶，都不及蚁那么荒淫盲目，易于中招。

摇摇摆摆

某天购物，见有店员向顾客示范一台"健康摇摆机"，Slim Maker。

用者需躺卧在地板上(较硬的物体，不适用于软床褥)，双脚放置于机器的脚枕上，身心放松，启动后，你的下半身便有节奏地左右摆动。可消脂减赘，也矫正不良坐姿或站姿引致的脊椎曲变酸痛，云云。

原理相当于慢跑。

不过可以懒。躺在那儿一边听音乐或看电视，竟等于"运动"。

这种"摇摆机"以前见过。此外，日本的电视剧《Hero》中，主角爱直销购物，有这么一项。那些疯狂的木村拓哉 fans 便趋之若鹜，跟风照买了。

看价钱，原来不贵，才 $199。有人说："买回去当玩具也好。"——像那些一阵子便打落冷宫的健身器？

持之有恒地 keep fit，没有便宜捷径。但这类轻盈小件，以健美身段作招徕的机器，原来已有数不尽的新发明：一些靠按压收腹，一些以脚踏来纤体，还有好多一块一块贴在脂肪部位，以电波把讨厌之物给"震掉"的，真是天马行空。

比起来，每天摇摆十分钟，勉强算是"运动"。

煎蛋卷的故事

日本人很喜欢吃的煎蛋卷，得用长方形小铁锅一层一层地卷，一回一回地煎，要有嫩、软、厚的质感，但外层又略带褐色微焦，看上去漂亮。材料也不过是打好的蛋液吧，有些人却爱甜吃。

那天无意中在电视上看了个煎蛋卷的故事。最初还以为是美食节目，原来是有关感情的。

北海道，五十二岁的礼子是个女的士司机，典型职业女性，却是辛酸的妈妈。曾念护士学校，但十七岁时嫁给同学，二十一岁生了两个女儿。丈夫搞婚外情，她受不了便离婚。之后为了还债和养育孩子，便到酒吧当陪酒女郎。女儿都不喜欢她。大女儿阿香，十七岁时留下一封信，说不愿与母亲同住，二人没什么来往。

后来礼子转行了。三十一岁的阿香也要结婚了。恨自己一直没谅解母亲，决定在出嫁前夕悄悄为她做最后晚餐——有薯仔牛肉、味噌粥（小时病了，母亲煮这个粥给她吃），还有苦练了好久迫未婚夫试食及格的煎蛋卷……

母亲含泪吃着这有板有眼的菜式，一边说着你儿时甲状腺机能亢奋症，食物的糖和盐分量得小心计算。又拿出一个旧盒子，把自己的婚戒和十七岁时伤透心的留书送给阿香——这是妈妈一生的两个遗憾。

真人真事纪录片，温馨感人。

我们中国的葱花炒蛋，会不会有故事？

先到先等,不见不散

我们约人,当然希望双方准时。不过有时人家迟到,有时自己迟到,总有一个"情有可原"的限度。不是怕等——是怕"干等"。干等即什么事也做不了,等等等,浪费时间、精神。你迟到为摆架子?难道我没架子吗?干等的心情不好,愈等愈气,愈等愈急,当然愈等愈担心也是有的。

如果带一本书去看就比较好。一边上网更好。我也试过即使有点精神寄托,一直等对方到了,马上起来一言不发便跑掉。"先到先等"?"不见不散"?就是这样!

其实这是店名——北角有家"先到先等",北京有家"不见不散"。名字不错,古意盎然。但想深一层,相当愚忠。

看武侠小说或粤语陈片,大侠和师兄妹都爱相约:"明年十月初三,我们在华山/昆仑山/武当/峨眉/蝴蝶谷/忏情崖/紫竹林……再见。先到先等,不见不散!"

盟誓如是,比武如是,为父报仇决一死战也如是。

山那么大,谷那么深,海那么阔。十月初三几点钟?在哪儿?有无歇脚处喝杯咖啡?若有人迟到或不来了谁通知?会不会忘了?你死了我还得信守不见不散的承诺吗?……

奇怪,都付得起时间,都在干等。

报仇、报恩、讨债、还债

　　一个人大去之前的意愿，立下遗嘱，应该得到尊重。为什么把财物如此分配？为什么有些人不信任不愿见？为什么宁由毫无关系亦无体温的信托公司管理？为什么安排慈善捐款也不肯任由至亲浪掷，为什么……

　　一定有他的理由。

　　一切，是"前因后果"。

　　是非、争夺、不甘、官司，徒令死者不安静，令旁人欷歔。执行遗嘱是最后的要求。不管怎样，能清醒而妥善地安排身后事也是福分——好些人是突如其来措手不及地走了，不留片纸只字，无法叮咛。既已留言，得遵嘱。

　　人来世上一趟，有报仇的，也有报恩的；有讨债的，也有还债的。

　　来报仇的人特别凄厉，遇上某人，只感他虽无过犯面目可憎，不能自控或不自觉地，令一切化为乌有甚至赔上一命，才算消解孽障。来讨债的更奇怪，对方不知如何，任你刮削、苛索、代你偿还种种，无奈承担心甘命抵，死后仍逃不过贪婪的魔爪。

　　报恩、还债者，用尽努力，花尽心思，把血汗金钱或一腔情泪全盘付出，不带走一片云彩。是的，都"了"了——他生再无包袱。

　　若信因果，便信有这"四类分子"。

　　也信"我前世欠你的吗？"这话。

人人要当"白骨精"

大众传播媒体中美女如云，虽然是招徕的糖衣，收视保证，但很多才貌双全，并且一天一天进步，后来观众就接受了，不再揶揄她们只是"封面女郎"。

有人称誉这批娘子军是"白骨精"——"白领"、"骨干"、"精英"，而非传奇小说中的妖孽。

要当一名优秀的白骨精不容易，还得靠实力，弄不好，便成了"白痴"、"缩骨"、"嗲精"，当然亦能占一席位，甚至当上老板娘，但得不到认同（你也可以说是人家妒忌的缘故）。

写文章也要"白骨精"——"坦白"、"风骨"、"精辟"。若写来放任，眼光独到，为人欠点风骨傲骨，顶多是一流的师爷。但脊梁够硬了，行文无新意，输了文采，再敢言再坦诚相向，亦闷煞。

艺人更加要致力于"白骨精"了，一个好演员，没有包袱丢掉形象，把自己掏空，成为"白纸"，才能融入各个角色。他／她还要硬净有料，姜是老的辣，都唤"老戏骨"。演技"精湛"，除了天赋异禀，挥洒自如之外，还似海绵吸收人间万事七情六欲之精髓，必要时便可倾泻而出，装龙像龙，装虎像虎。

此乃新世纪一个褒词。

并非人人有资格当"白骨精"。

废 话

　　人一生都会讲不少废话——这些话当事人未必觉得"废"，反而理直气壮，因为他们在适当时刻避免出现 dead‑air。

　　逛街啊？谈恋爱吗？一个人呀？吃过了没？买什么？过海了吗？回家去吗？遛狗啊？我支持你。没心情啦。你看天阴会不会下雨？你不值得为他这样。有没有搞错啊？你有没有爱过我？……

　　废话亦包括：

　　"清者自清。"——清者当然自清，因为很多东西是水洗不清的。只有"自清"或"门前清"才会清。还有，它的下句是"浊者自浊"（或"渎者自渎"：意思是指亵渎、冒犯、侮辱。你不要想得太猥琐），亦即"真相"。

　　"大家只看到真相的一部分。"——当然是一部分，知道"全部"，还有人够胆作声？

　　"压力好大！"——做人怎会没压力呀？否则飘飘欲仙时谁接住你？

　　"我相信警方的办事能力。"——信不信，事情都要交给他们办啦。

　　"做过甚么只有当事人才心知肚明。"——间接表示你所知甚少或无证据。

　　"但愿一切没有发生过。"——所有人一生中起码讲上一万次的超级大废话。

毒蛇也会"天真"

信手拎起一本摄影图册（儿童丛书），有关大自然的有毒动物。那些蝎子、箭毒蛙、海葵、蝰蝮、蟾蜍、黑寡妇蜘蛛、希拉毒蜥、胡蜂……都纤毫毕现，武器也很恶心。但拍得精彩。

世上最毒的毒蛇之一，是非洲的喷气夺命龙纹蛇。绝大部分时间躲在沙土里懒懒的休息，猎物走过，时机一到，发动闪电攻击。

若人被咬中，毒液令伤口被火烧焦般，出现大片淤血，嘴唇刺痛干裂，体内大量出血，不到半个小时就死了。

那么厉害的毒蛇，人们是如何对付呢？——专家用手捏紧头颈部位，让蛇张嘴咬一片蒙在容器上的"假皮"。一咬，好有质感啊，连忙把毒液喷射出来。待它放毒差不多了，收集好可制抗毒血清，反过来治疗被他们咬伤的垂危者。

你看，最毒的动物，也有"天真"的一刻。不管是自卫抑或争胜，冲昏了头脑，真相"蒙在鼓里"，于是它最珍贵的藉以保命的东西，毫不犹豫地被利用了，没有后路。

毒蛇制造新毒液，东山再起是甚么时候？会否买少见少？失去了毒还有江湖地位吗？

——这个故事教训我们，防御、攻击、示威之前，看清楚是否值得。

而且，势不可使尽，毒不可放尽，人不可信尽。

睡 觉 去 吧

别人问我：

"情绪低落的时候做甚么？"

——情绪低落，有甚么好做？应该甚么也不做。

这是睡大觉的良辰美景。

撒手不管，忘却前尘，好好睡一觉。

醒来天亮了，人轻快了，疲累消失了。不快乐，肯定忘不了，但总算好过些。交不出功课，梦入黑甜，灵感便会来。

美国太空总署的研究报告指出，人们在下午二至五时之间，警觉性下降，工作效率低。若老板让员工伏在办公桌上小睡一会(不超过四十五分钟)，他们的工作表现会上升35%、判断力加强50%。灵敏度也大增——但先生们，这只是老生常谈，连幼儿班也早已实行，何需巴巴的"研究"？又浪用了多少公帑？实在小题大做。吃饱了撑得慌，找点活干。

除了情绪低落，还有发怒的时候，更应该甚么也不做。

——一个人怒火中烧，说甚么都会错，做甚么也过分，打砸破坏后果严重，一切行动你必后悔……发怒时最需要的，也是睡大觉：它的意义不止睡觉，而是冷静、缓冲、装备、提升，宽容，也避却你失控带来的报复和报应。

深爱，就是深呼吸

瑜伽、太极、气功、美术、舞蹈等课程，最初，训练大家呼吸——先学会调节，尤其是深呼吸。

当你忧郁失望无奈时，呼吸是会变得浅薄的。盛怒、怀恨在心时，吸呼更加浮躁。

看老政客骂人，不知如何那么的生气，鼻孔贲张，嘴角扭曲，面目狰狞，呼吸重而不深，像野兽。

如果阿伯先深呼吸几下才在传媒前发言，那些恶形恶状便不会流芳百世，反而含敛有力，不怒而威。可惜他们天生就是焦急，争分夺秒，怕今天不表态，明天变了天就没机会。

完全深入的呼吸，就忘记了鼻孔，也忘记了气体的进出与交换。深呼吸促进空气量有节奏地增加，强化身体的氧化作用。

你背部挺直，非常有骨气。舒服地坐着或盘膝，带不自觉的傲慢。

你若无其事，举重若轻，不动声色，缓缓地把天地间最珍贵但免费的东西运送至五内，然后叫体内无用乏味的负能量负因子和废气，缓缓地排走。

你心意澄明，感觉通透，再也不会为小事抓狂，亦不必为大事暴跳如雷，更毋需人家认同。

爱，如呼吸。深爱，就是深呼吸。

人类无能为力之事

　　人的左眼看不见右眼。左右眼一齐发功，也看不见自己的眉毛、睫毛、鼻子、耳朵和嘴唇。这些光明正大之物也看不见，何况自己内心的阴暗面？内窥镜亦无济于事。

　　对于体重体形就更束手无策了，吃多了过胖，急急纤体，花尽九牛二虎之力与不菲投资。为了丢弃体内某些东西，这笔"垃圾费"多庞大。但瘦下来，营养不良，后遗症和副作用又令你再失去健康。你有能力控制吗？

　　感冒是毫无准备便感染了。指尖浸在水中久了也会起皱。呵欠、咳嗽、恋爱和放屁，均无法隐瞒。

　　特别是放屁。

　　肠胃正常的人，平均一日会排气一立方分米左右。屁的成分有三分之二是从口部进入的空气，其他的便是来自肠内分解和细菌产生的气体。所以无论啜食拉面、喝热咖啡、接吻、说话滔滔不绝，都会吸气，都会造成屁。大部分的屁（尤其是臭的），往往在一个最关键最不恰当的时刻放出来，令你远近驰名。

　　有些人为有强制忍屁的能力而沾沾自喜，不致在人前丢脸。但屁是不可以"消失"的，忍住不放的屁，正如憋在体内的腐败思想、封建余孽，臭气为肠壁吸收，溶于血液，绕行五内，最后在肺部混合所有气体，自呼吸管道出来了，口气极臭。

　　为什么市面上有那么多政客和奴才"满嘴喷粪"？他们心知肚明吗？才不，他们还以为这是"爱国"。

　　人根本不算万物之灵，禽兽生下来未几便已会行、会走、会飞、会游，婴儿要学步，成人也邯郸学步，学到老，也走不出自己该走的路。

就说最普通的事吧。睡眠，你我一生三分之一以上的生命是耗在睡床上的。那么对此应该驾轻就熟收放自如才算对得起自己的修为，但大家仍是睡眠的奴隶。有人失眠，有人赖床，有人无法自动醒来，得靠低科技（即是手调时间的闹钟）辅导，更多人容易惊醒。

当然，有些人自诩很能睡，又睡得香。

真的熟睡了，即使在轰轰隆隆地前进的火车厢中，在大风大浪的海上，在鼾声如雷的人身旁，在嘈杂的环境：HIFI震耳欲聋、改建马路、楼上怨偶吵骂、装修工程、乌鸦聒噪、政客挣狞、凶杀案惨叫……都听不到看不见没感觉。

一睡如死。

是外界影响不够大吗？不，或者这样说：人的大脑有特殊构造，可以知所取舍，某些蒙混过去，某些加以忽视，某些不当一回事，某些，你知可以懒理。若在梦中，人也有能耐分辨这只是个噩梦而已，因而不会马上被吓醒，甚至还继续沉醉，享受幻象，不必回到现实中。

狂风暴雨雷鸣，霹雳连声，都不醒，本领高强吧？人却常常为一个最细微敏感的讯号，无法自控，霍然惊醒，不得不起来。

——小小的膀胱胀满了，你所有的意识都在一瞬间自动集中在这反应上。尿意发自五内，超越了潇洒、自制、任性和逃避。你怎

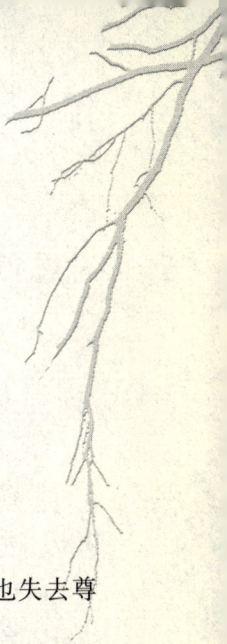

能拒绝?于是逼得起来小便。

身体中的尿意,比外面最暴烈的噪音还强。

生理上的折腾,屎尿屁和各种欲望,叫人失去理智,也失去尊严。

还有恐惧。

"恐惧"的反应立竿见影,不能自控。

你会心寒、颤抖、起鸡皮疙瘩、血液变冷、心跳加速、脸青唇白……并且感觉(或幻觉)身后那个可怖的黑影(或不知是什么东西),无时无刻不在威胁和袭击,避无可避,防不胜防。这是"黑色恐怖"。

但人类最最最无能为力的是"白色恐怖"。

大家都已经不太聪明,将来可能更加蠢。想象到有这一天吗?——无法自正常途径传媒资讯得知事实真相,认不清牛鬼蛇神的面目,分析是非黑白的能力日变迟钝,心声沙哑,性格愚顺,才华渐冉,要求降低,道德沦亡,自由丧失,前景黯淡。只懂听一个声音,被迫看一种文字,各传媒只有一款人版,便是僵尸、浮尸、木乃伊——他们自古墓爬出,连话也说不流利,却是你我的"喉舌"。

到了那个时候,本来就没什么大不了的人类,连当个"人"的资格也没有了。

忘恩负义、过桥抽板

"恩"和"义",基本上已是一些很古老的东西,早已锁在博物馆中。所以"忘恩负义"之卑劣性,在现代社会基本上是不成立的。

而且"恩"和"义"的存在意义,是为了被忘和被负——正如结婚证书只为离婚而设一样。

×××

·在商业社会中的商业机构,一般而言,没有恩义,只有功过——很多时,或终有一天,没有功,只有过。百功不抵一过,希望阁下消失,便拈起什么什么都是过。

人,只能与商业机构发生关系,千万不要发生感情。"关系"好打发,"感情"乃自误——看清楚了,不是"自娱"。

·两个人同睡一床,鼾声最大的先入睡。

两个人邂逅,谁爱谁多些,谁遭殃。

两个人一起开口,拿到麦克风的占上风。

两个人风头一样劲,犯众怒那位,长久一些。

·对手愈镇定,自己愈无法镇定。甚至会跌眼镜。

·人们高估自己对"正义"的诠释能力,正如低估情敌的杀伤能力一样。

·人生的摊档,不是出卖,便是被出卖。

·"翻脸当然无情——有情何必翻脸?

穿了裤子当然不认人——你不也一样痛快吗？

各尽所能，各取所需，最好不要动用感情。

·世上哪有"汗马功劳"？

"飞鸟尽良弓藏"是环保。

"狡兔死走狗烹"是两顿美食。

以上作为并不负面。

·疾言厉色的多半是"棋子"。

只有主子，才有资格气定神闲，温柔婉约，和蔼可亲，以及滋阴补肾。

·男人骂女人忘恩负义，是他的供应最终不能满足她。

女人骂男人忘恩负义，多半是她栽培过他，后来他去栽培另一个女人。

·为什么"人情冷暖，世态炎凉"？因为人分"热血"和"冷血"两类。亦有人身兼二血，日夜温差大，才可说变脸就变脸。

·在江湖固然烦恼。退出江湖更加寂寞。

——两害相衡取其轻吧。

·社会是一个化装舞会，面具戴久了，忘记自己原来的长相和个性。甚至连脸也没有了。

·死亡不算可怕，垂死才可怕。

委屈不算难受，委屈还要表示无怨才难受。

· 当我们吃亏时，会自我安慰："就当买一次教训吧。"
若得到补偿，还需要什么教训？

· 人是一种在吃掉海鲜或干掉同类之前，能保持微笑和友好关系的动物。

· 新闻只炒三日。
历史却是一本图文并茂（或并丑）的烹饪书。明列材料、制法、成品、特色和下场……

· 没有利用价值，或有利用价值但功高震主的下属，不可留。

· 当领导眼中没有你时，自然有识做的人出来劝退，或执行家法。某些政客再爱国，还是摇身一变为弃妇，不能占住茅坑不拉屎，浪费资源。够胆骂"忘恩负义"吗？

· 人人都给你青眼，上司给你白眼时，所有青眼都成为"白内障"。

· "今日吾躯归故土，他朝君体也相同"除了适用于坟场外，有时还是一种亢奋的诅咒。

· 如果不喜欢一个人，千万别和他搂肩搭背咧嘴大笑合照，因为貌合神离的嘴脸出卖你，还肉麻过裸照。

明星才有那种演技。

·人人平安过了河,到达彼岸,怎会记得可能湿身、遇溺的危机?
此乃常情。

——尤其是不再回头时,根本毋须后路。

·亲密爱人分手了,感性的理由是"缘尽",理性的分析是
"历史任务已经完成"。

·与"过桥抽板"近义的词语是"过河拆桥"。

意义相近,但付出体力劳动相差太远了。"抽板"多轻松,两
三下子便行;但"拆桥"工程伟大,一个人力量办不到。

所以,我认为两者的差别,是他身后有没有高人。

·中国历史上最长,最大,最深,最广,最尽,最痛的"忘恩
负义、过桥抽板"行动,最荒谬、狰狞、叫人不寒而栗的嘴脸,在
"文化大革命"。

其他只属小儿科。稍纵即逝,明日黄花。

武旦群英会

我喜欢看灿烂的武戏。

在京剧行当"生、旦、净、丑"中，最不懂欣赏老生（须生），然后就是那些所谓素脸"俊扮"的小生。小生的唱念总爱以真假声互相结合，尖细而且阴阳怪气。文小生不管是袍带纱帽，抑或手拎扇子，都娘娘腔，不知为何台上旦角为他要生要死。

虽然旦角以"青衣"为正旦，是行当中心主要部分。按照古老的传统，她们端庄、稳重、正气、忍让、不苟言笑、贤良淑德。以唱功为主，动作幅度极小，有些戏坐着唱老半天，有些在台上永远一手垂在身旁，一手横捂胸腹，由于抱肚子的姿态不变，很多时我们会误会她肚子疼。

"青衣"也是苦里来苦里去，命途多舛，受尽折磨，守着寒窑十八年之类，她们再贞烈，也像腌菜般，咸咸酸酸，郁郁闷闷。对比而言，"花旦"活泼伶俐些，娇艳欲滴，闺门旦、玩笑旦、泼辣旦、刺杀旦……多姿多彩。"花衫"则是花旦和青衫的融合体。

"唱、做、念、打"以唱为先，听戏的是会家子。打排后——不过我爱看武生和武旦。

记得以前有过武生戏的专场，相当痛快。"中国京剧武旦群英会"在文化中心大剧院演出五场，看完就过年了，真是特别的礼物。我们最辛苦便是岁晚赶稿，天天砌字，已经"文"得不得了，晚上欣赏人家打架，以"武"调剂心情，乐不可支。

演出者是"上海京剧院"、"沈阳京剧院"和"贵阳市京剧团"的角儿，武旦主要有李静文、史依弘（原来唤"史敏"，不知如何改了名字。不过广东人念来又实在太好笑了，sorry!）、侯丹梅、谷好好。

以前欣赏过"中国武旦皇后"李静文。她这回也带来《青石山》，演被关帝和关平周仓天兵天将捉拿的九尾狐，以打出手及踢枪赢得满堂彩声。这特技，有拍枪、挑枪、踢枪、虎跳踢枪、前桥踢枪、后桥踢枪、乌龙绞柱踢枪、连续起跳踢枪等表演，把缨枪抛来踢去不大符合实际需要，亦不合情理，不过此乃富舞蹈感之艺术表演。曾有角儿以"踢十杆枪"扬名立万。

在《青石山》戏中，当然九尾狐比蚕眉凤目美髯飘的关公抢镜。她是魔洞恶妖，化身美女迷惑书生，官衙和吕洞宾要抓她，亦落荒而逃；不得已才出动关帝。如此顽劣犀利，才值得。中国传统戏剧是邪不能胜正——但把一大群昂藏七尺的大男人打到满地翻滚的妖狐实在不易收拾吧。

在父系社会，男权至上，武旦技艺再高，到头来仍得屈居男下。

《穆桂英大破天门阵》如此英姿勃发，也不过为了爱慕杨宗保春情勃发罢了。她好好的一个寨主天后，又有镇山之宝"降龙木"，杨家虎将都不是对手。宗保临阵结亲，老父杨延昭见打又打不过，儿子又情迷，面子上过多不去，辕门斩子也罢（当然是做个姿态，无人求情他才下不了台），还得靠穆桂英献来军粮兵马和神木，披靠攻打天门阵，大获全胜。荣耀归于杨家，杨家则为宋室力保天下——说到最后，这些女强人不过为国家领导人服务。

《白蛇传》不用说，白、青二蛇还不是为了那懦弱而多心的窝囊书生鞠躬尽瘁？白蛇断桥产子，被法海压在雷峰塔下，毁塔相救的，到底是自己的姊妹，不是男人。

《扈家庄》的扈三娘最终被梁山好汉降服。《大溪皇庄》中"十美跑车"，仍得施展媚惑色诱灌醉恶霸花德雷。先赔上身体，再使出功夫。但她们身披"一口钟"似的长式斗篷，有红、桃、绿、蓝、杏黄、皎月……诸色，绣凤凰孔雀四季花草，说是挡风御寒，但翻飞如蝶，轻薄逍遥，十分亮丽。

《宏碧缘》一晚只做了上集，可见二十年代以来，"海派戏剧"中的连台本戏多么多么的长！一部连台本戏常续演三、四十本之多，每天可演一个整本。根据武侠小说《绿牡丹全传》编排的《宏碧缘》是经典作之一。以骆宏勋与花碧莲的爱情为线索，有街头卖艺、恶霸欺凌、说亲不遂、母命难违、焚庄结仇、擂台比武、盗药救郎（应是男朋友而已）、机关中伏等情节。宏中了朱砂神掌，碧誓闯虎穴龙潭盗解药，"若他有三长两短，我怎可活在人间？"故她星月下穿林过涧，绕岗盘山。嫌马慢，扯断了缰绳挥断了鞭，桃花马汗湿雕鞍，最后还赶得命丧黄泉一命呜呼。

这位冲动烈女背水一战有去无回，唯一理由是爱郎情切，盗药得手自己反被困四杰村。后事如何，下回分解——放心，她怎会有事？一定大团圆，否则这"宏碧"缘怎个写法？他俩比香港任何一个困于金融海啸中的负资产更有前景。

剧目中竟有《昭君出塞》。

什么？王昭君由武旦演出，奇怪。我印象中她独抱琵琶尽诉哀音，弱质斯文。不不不，原来是一个"控诉"。国难当前，文官济济，武将森森，全无作用，皆属枉然，反叫一红粉出塞和番救国，千万寄托在妇人身上。良马差尽，只剩一匹烈马，机灵的马夫降得，昭君换过一身戎装征衣，出云横雾迷的汉岭，至风沙缥缈的雁门关，南马不度，人得北往，怀乡恋国，但已难再寻觅。

汉室君臣，一个个大男人，便是如此这般合力把女人往门外推。他们护花无力，摧花心切，还不是为了自保？——想不到唯一彰显女性权威，供她发泄怨愤的，是文戏武演《昭君出塞》。

"武旦"是一个总称，分了穿短衣裳动作取胜的"短打武旦"，以及穿长裤顶盔贯甲骑马重唱念的文武全才"刀马旦"。

不管如何，武旦在台上矫捷灵巧的演出，痛快淋漓赏心悦目。武旦不及武生阳刚威猛，但在台上，都很"勇"，全力以赴，不容有失。做好一千次，但一回失手，明明可见。所以得把舞台当作"战场"，把对敌人的满腔仇恨尽情发泄。

这种情怀和性子，戏行有个术语，叫"恨台"。不恨，爱不深，力不到，打不好。

不留姓名地址电话

某个晚上，我们到文化中心大剧院欣赏表演。中场休息时到外头的快餐店喝杯茶。

坐定不久，店内本来各自聊天的客人，忽然目光集中在那边，还带揶揄的会心微笑。

原来，是城中年逾花甲的公子，携同女伴来吃快餐。他是名人，常在报刊出现，身畔少女不断换画，全是记者笔下的年轻"北方佳丽"。这位高大丰满的女伴，旁若无人，端盘子取快餐，颇为扰攘。也许赢得众人注意，面有得色。

我们离去的时候，二人还未享用完毕。这街坊快餐店亦受宠若惊吧？

世上有些人，是生活得率性自在，一点也不在乎别人的眼光的。不介意八卦议论，人言不可畏——这是天赋异禀，值得学习但学习不来。

你想想，只有"人类"，"男女关系"才出现问题。一切动物，猴子犀牛长颈鹿黑鹰和蜂鸟，"雌雄关系"是没有问题的。动物比人幸福的是它们可以随便换女伴，也可以随时包二三四奶。雄的不会被非议，雌的不怕没脸。得到温饱最重要。

——人要活得开心，必须带点"动物性"，便好过了。

看到一则新闻：

重庆有一廿多岁的二奶，男人包了她，二人生了个孩子后，男人又去包三奶。因男人不肯支付她的生活费和孩子抚养费，二奶愤而到"妇联"告状。半掩着面，哭闹申诉一番后，便飞奔离去，连

姓名、住址和电话都没留下，"妇联"的同志喊也喊不住……

像"妇联"这样正气的官方机关（老实说我们都不太明白这是个什么衙门?），又怎会为二奶出头，她们既不道德也不合法，更是阿姨大娘小脚事妈街道组长妇女代表等同志眼中的狐狸精。送上门亦自取其辱。那名二奶，只狠狠地发泄，数落男人亦恨己犯贱，哭干眼泪罢了。不但不以整脸示人，"连姓名、住址和电话都没留下"，正表示心虚、羞惭、绝望，但也坚毅，不求同情。

虽是弱者，又有谁会帮你维护权益？二奶有啥权益？你去告状？那家中的大婆岂非得操刀斩人或一头撞死?男人又包了三奶，最痛快的，打心底笑出来的人，或许正是大婆。

"妇联"同仁目送面目模糊飞奔离去的身影，已是一个维持尊严最好的句号了。

一个成功的二奶（即一个带点"动物性"的二奶），是永不哭诉的，因为这是最无用的行为。

人生聚散本无常，各人头上一片天。

好些二奶的丰功伟绩刊载在报章显著位置：

某二奶为港商诞下男婴，先赢取十多廿万。因男人只每周一会，所以她有闲暇另结孽缘另勾情夫，风流快活。软饭王苛索不遂，把二奶的儿子摔落街惨死，之后亦畏罪跳楼。换句话说，二奶有了钱，又不用带孩子，惹嫌的情夫一了百了，看来港商亦心灰意冷不找她了。逍遥自在重出江湖也罢，何惨之有？

某二奶与六十岁老头姘居，当然不欢快，时生龃龉，气不顺，把亲儿扔下楼去。你看：她办事狠辣，没有"妇人之仁"羁绊，媲美江湖好汉。

某二奶同期当上三个不同男人的二奶，她把时间编排得十分妥善，因分配得宜，三男从不碰头，亦不知对方之存在。她以有限资源，开拓无限商机，还面面俱圆，实是女强人典范。

某二奶常出现在"名人版"，情人节与富商欧游，在名店shopping，虽相聚亦装作"前后脚"偶遇，但从来不忌讳，亦不必给谁面子。大婆还躲得远远避开闲言眼不见为净呢。

某二奶爱以电话、电邮骚扰大婆，高调示威，洋洋自得。

……

都那么能干，战绩彪炳，谁还需要"妇联"？

她们不必分庄闲，知进退，但一定"自负盈亏"。

二奶、三奶……N奶，应有权益自己争取，甜酸苦辣自己解决，因果报应自己承受，否则不要"入行"。

——别麻烦人家。这是游戏规则，也是人类以外，一切动物最优秀的特质。动物不脸红。

一旦说破了……

男人的心在不在？有没有起了微妙变化？做贼心虚，女人怎会不知道？——她之所以"不知道"，并非因为笨，只是一时之间还没心理准备。

揭发容易面对难。

"面对"，需要勇气，也是痛苦的起步。

说破了，他索性认了，你有台阶下吗？扯得下面子舍得下身段吗？"说破"，不过是一句话吧，但好似把一根刺，放到无限大，横亘在你们中间，间接鼓励他更积极。

有些女人比较聪明，故此拒入正题，甚至不肯旁敲侧击，更别说搜集证据，聘请侦探，或盘诘真相了。

真话最不好听，真相最不好看。

有个第三者，一直没结果。她开始对这个男人淡了，好闷，也想有个了断。但无法摆脱他的痴缠。又怕自己心软，心一软，分手分得拖泥带水，到时又不过重复闷局。为了决绝，不留后路，赶他回太太身边，于是她"自动投案"，给他太太打电话。

好！一是让她出面，正视问题。故意地：

"请×××听电话。"

太太约莫猜得是谁。

"我先生没空来听电话。"

"是吗？"

"他在浴室。"

"怎可能呀？告诉你，他就在我身边。"

"小姐你是不是找错？"

"你先生，×××，外面有女人。那女人是我。"

"×××？对。可能同名同姓呢。我不相信他这样做，他每天回家很守时，对我们也很好。你大概搞错了。你晚点待他洗完澡再打来。"

矢口否认。

——不当一回事。不要知道太多。不信。只要男人没亲口说出来，那就完全没有发生过……厉害？不，是被迫的。

没有女人心甘情愿失明又失聪，甚至失忆。

不过"两害相衡取其轻"。

情事不说破，双方有个"虚幻"的台阶下。心里明白，却留点面子——这样，乃下策中的上策而已。

"忍"，好辛苦。

"不忍"？则马上受伤。

某晚看《大宅门》。历尽风波白眼，才跻身白家的窑姐儿九红，原也是青楼万人迷，白家七爷何尝不被她迷住了？

但女人的地位，很悲哀，是攀附着男人的爱憎的。七爷爱她，才有格。她是这样子走来的"过来人"，心里有数。因为非常没有安全感，防虎防狐甚惶恐。但男人并非一心向着她。

眼瞅着身边的人一个一个又成为他的女人了，螳螂捕蝉，黄雀在后。

即使她妒恨失控得天昏地暗，颐指气使，当众羞辱，但某日一不小心，丫头香秀也斗胆顶撞。在众人面前给她脸色看，发男人的脾气，还扭身跑掉了。

九红冷笑："我倒不明白，一个丫头敢跟老爷这么张狂，究竟为了甚么？"

原意指桑骂槐，留他点面子（也留自己点面子），想听他发话。做好做歹，说句好听的吧……七爷斜眼看看九红："你说为了甚么？"

他最后道：

"用不着留面子，值多少钱一斤呐？——她所以敢跟我这样发狂，因为我喜欢她！"

九红大出意料，反而窘住了，望着七爷也无话可说。

"这回你明白了吧？其实你早已明白了！"他说完，转身奔别处了。

会不会后悔？

因为一句话，世界从此刻开始变了，今天跟昨天不同了。

——再也不能假装了。

七爷后来纡尊降贵到丫头香秀的家，吃一顿窝窝头，把她给哄回来。

女人娇嗔、放纵、得意洋洋、没大没小、水鬼升城隍、蹬鼻子上脸……

"今儿想我没有？"

"不想！一辈子瞧不见也不想！"

当然，她知道，在这一刻，他喜欢自己。才敢！

以上，不光是《大宅门》的古老情节。中国流传了数千年的"习俗"，今时今日仍是娱乐版的花边。

这天，报上便有富豪与红颜知己马来西亚度假拍拖返港的消息。前阵子"装分手"、"装有男友求婚"……因这满面春风而扑朔迷离。若二人从未分手，这场戏真是给足面子，那么他的红星太太是否如常哑忍？

即使是平凡女人，也有同样烦恼——如果把心放后三五年，她们会不会豁然开朗？

"天呀，真是白内障，为甚么当初一个普普通通的男人，便令我折腾得毫无自尊？"

苹果不一定吃到半截虫子才叫做烂。蛀空的牙齿不但发臭还妨碍你尝到后来的好味道。

世上哪有分不成的手？

你会选择：

A 不肯说破

B 自己说破

C 让他说破

D 看破、放下、自在

——这个"破"字真有趣。

失败了是破碎、破灭、破相、破损、破财、破口大骂、家破人亡。但成功也是它：破案、破敌、破晓、破浪前进、破天荒、破涕为笑、破镜重圆、破旧立新。

"破"字亦如关二哥，黑白、正邪、兵贼，都拜他。

一切在乎一心——很简单。"你要不要这个人？"

李碧华　作品